Justin Burakali Bayongwa

Sistemas de informação hospitalar

AF154848

Justin Burakali Bayongwa

Sistemas de informação hospitalar

Análise do sistema de informação do hospital na RDC: o caso do Hospital New Hope

ScienciaScripts

Imprint

Any brand names and product names mentioned in this book are subject to trademark, brand or patent protection and are trademarks or registered trademarks of their respective holders. The use of brand names, product names, common names, trade names, product descriptions etc. even without a particular marking in this work is in no way to be construed to mean that such names may be regarded as unrestricted in respect of trademark and brand protection legislation and could thus be used by anyone.

Cover image: www.ingimage.com

This book is a translation from the original published under ISBN 978-620-2-55111-3.

Publisher:
Sciencia Scripts
is a trademark of
Dodo Books Indian Ocean Ltd. and OmniScriptum S.R.L publishing group

120 High Road, East Finchley, London, N2 9ED, United Kingdom
Str. Armeneasca 28/1, office 1, Chisinau MD-2012, Republic of Moldova, Europe
Managing Directors: Ieva Konstantinova, Victoria Ursu
info@omniscriptum.com

Printed at: see last page
ISBN: 978-620-3-31816-6

Copyright © Justin Burakali Bayongwa
Copyright © 2021 Dodo Books Indian Ocean Ltd. and OmniScriptum S.R.L publishing group

Análise do sistema de informação do hospital na RDC: Caso do Hospital New Hope

Dedicação

- À nossa querida família BAYONGWA LUGALIKA;
- No Universite Libre de Grands Lacs (ULGL) em Bukavu.

Agradecimentos

Os nossos agradecimentos são dirigidos ao Deus Eterno nosso Pai Todo-Poderoso, Criador e Chefe Supremo, Mestre dos tempos e das circunstâncias. Que o poder, a honra e a glória sejam dele!

Agradecemos também aos nossos pais, e aos nossos irmãos e irmãs, a sua contribuição é enorme.

A Universidade Livre dos Grandes Lagos em geral, e a Faculdade de Economia e Informática de Gestão desempenharam um papel fundamental na nossa formação integral. É a partir desta grande universidade privada acreditada que adquirimos a sólida formação científica que nos permite realizar diariamente a investigação científica. Herdámos dela um sólido conhecimento em Informática Empresarial, em testemunho do qual lhe prestamos uma vibrante homenagem através deste parágrafo; ao Professor MUGISHO KATENGURA Christian. Encontre aqui a expressão dos nossos sentimentos de profunda gratidão!

A todo o pessoal administrativo e de enfermagem do Hospital New Hope, e a todos aqueles que contribuíram para a recolha dos dados necessários para este trabalho, estamos gratos!

O que é que amigos, colegas e conhecidos e as Edições Universitaires Europeennes (a editora deste livro) encontram na presente carta a expressão dos nossos sentimentos de gratidão!

Siglas e abreviaturas

AEDES : Agência Еиropёenпe para o Пёye1oppeшen1 e o 8anlё ;
BDD : Base de dados ;
CHU : Centro Hospitalar Universitário ;
CODEPO: Unidade de Cooperação da Ecole Polytechnique ;
CS: Centro de santё ;
DGOS : Direcção Geral da Oferta de Cuidados de Saúde ;
: Doutor;
HRM: Gestão de Recursos Humanos.
HGR: Hospital Gёnёral de Rёfёrence ;
HPGR: Hopital Provincial Gёnёral de Rёfёrence ;
GI: Sistemas de Informação de Gestão ;
L1 : Premi dre линёe de Licence ;
L2 : Segunda licença aniK'e ;
NHH: Hospital Nova Esperança;
NTIC: Novas Tecnologias de Informação e Comunicação ;
Otorrinolaringologia;
RDC: Rёpub1ique Dёmocratique do Congo ;
HR: Recursos Humanos ;
SGBD : Sistema de gestão de bases de dados;
SI: Sistema de informação ;
HIS: Sistema de Informação Hospitalar ;
SQL : Linguagem de Consulta Estruturada ;
TP : Trabalho prático ;
ULB : Universe Libre de Bruxelles ;
ULGL : Universo Livre dos Grandes Lagos ;
ZS : Zona de santё ;

Currículo

O sector da saúde é uma parte muito importante do serviço público. Se a saúde da população continuar a ser a prioridade do Estado. Um investigador informático está interessado na qualidade dos sistemas de informação hospitalar, pois estes contribuem para o desempenho da estrutura de saúde.

Estudos demonstraram que a maioria dos hospitais da República Democrática do Congo utilizam métodos tradicionais (papel e lápis) para o registo de doentes e gavetas para arquivamento e arquivamento, pelo que a nossa investigação visou o New Hope Hospital, um grande hospital privado na província do Kivu Sul.

A análise do sistema de informação hospitalar no Hospital New Hope revela que o seu HIS é manual. Esta análise foi feita utilizando tanto o método analítico como o estrutural-funcional. Estes dois métodos enriquecidos por técnicas: observação, documentação, entrevista, etc., tornaram a web numa das principais fontes de informação.

Para ultrapassar este problema, propusemos pacotes de software médico (software) que já existem noutros locais e que são aplicáveis no sector da saúde: CERHIS, OpenClinic GA, SO Paciente, etc. E recomendamos projectos de informatização que são indispensáveis ao SIH do centro médico Dtudid em particular, e da RDC em geral, para que o SIH possa contribuir para o desempenho das estruturas de saúde do país, obviamente através da informatização.

Abstrato

O sector da Saúde é um sector muito importante para a função pública. Se a saúde das pessoas permanecer a prioridade do Estado, um informático está interessado na qualidade dos sistemas de informação hospitalar, porque estes contribuem para o desempenho de uma organização de saúde.

De facto, estudos anteriores provaram que a maioria dos hospitais da República Democrática do Congo utilizam métodos tradicionais (folhas de papel e canetas) para registar doentes, e para as prateleiras para arquivar e classificar os registos. A nossa investigação tomou como amostra o New Hope Hospital, um grande hospital privado na SUD-KIVU.

A Análise feita sobre o sistema de informação do hospital New Hope Hospital traz à luz que o seu sistema de informação é feito à mão. O estudo foi realizado com os métodos analítico e estudioso-funcional, alimentado pelas técnicas : contemplação, documentação, entrevista, ... e a web como principal fonte de informação.

Para resolver a fraqueza descoberta, sugerimos aplicações médicas comumente utilizadas noutras áreas do sector da saúde. Entre estes softwares, citamos : CERHIS, OpenClinic GA, Patient Os, e similares. No final, recomendamos também projectos indispensáveis de digitalização para o New Hope Hospital em particular, e para a RDC em geral, para que a partir de então os sistemas de informação hospitalar contibuam para o desempenho das organizações de saúde do país, naturalmente através da digitalização.

Justin BURAKALI Bayongwa

Introdução geral

1. Contexto e questões

Em дёр11 uma estrutura de saúde é uma empresa pela sua própria natureza. Deve ser governado pelo sistema empresarial, tal como estabelecido em mëthode MERISE. A empresa reúne um conjunto de material, immatëriels, recursos financeiros e humanos reunidos para produzir e vender bens e serviços numa marclm para obter lucro (Nalliat, n.d.).

Neste contexto, existem três subsistemas numa estrutura de saúde, como em qualquer empresa:

- O *sistema de direcção,* consilium dos membros do conselho de administração que dëfinissent a política geral da empresa, os objectivos a alcançar, a estratégia organizacional, os recursos necessários, e fazem o controlo da sua execução;
- O *sistema operativo consiste* essencialmente em recursos humanos que exëeutent ou que realizam as tarefas dëfinies pela direcção através dos recursos matërielles e immatërielles colocados à sua disposição;
- O *sistema de informação,* que é um "conjunto organisë de recursos: matëriel, software, pessoal, dados, procëdures ; permitindo adquirir, processar, armazenar, comunicar informações (dados, textos, imagens, sons...) em organizações" (Reix, 1995).

Tendo em conta o acima exposto, independentemente das suas disciplinas, os autores concordam que o sistema de informação é *a espinha dorsal, a charneira de* qualquer empresa, especialmente porque é a junção, a ponte e o canal de comunicação entre o sistema de direcção e o sistema para uma melhor gestão da empresa.

A probtemática dos sistemas de informação baseia-se essencialmente na granularidade da informação que deve ser gerida dentro da empresa: (por exemplo, pessoal, matëriels, relações intërieures e extërieures, contas, finanças e outros dados); contudo, a complexidade e natureza evolutiva do SIA é também uma característica particularmente complexa por razões como os muitos spëcificitëss no sector santë, a complexidade e natureza evolutiva das organizações, a diversidade e complexidade dos processos empresariais, e a importância das deficiências nacionais (Sabrina, 2015).

Nos países tecnologicamente desenvolvidos, os HIS são informatizados, enquanto que em Rëpublique Dëmocratique Congo em gënëral, e em particular a cidade de Bukavu, as estruturas de saúde ainda estão atrasadas em termos de amëlioration a qualidade dos seus sistemas de informação.

Em França, por exemplo, a fim de tornar os SI mais eficientes, particularmente em termos de qualidade e segurança dos cuidados, a Direcção Geral da Prestação de Cuidados de Saúde (DGOS) lançou o programa *hospitalar digital* em Novembro de 2011 (Ministério da Solidariedade e do Desenvolvimento Santë, 2011). O hospital stratëgie numërique em França, dëfinit um plano para dëveloppement e modernização dos sistemas de informação hospitalar e pretende estabelecer prioridades e objectivos para 6 anos, mobilizando todos os interessados e apoiando o ëtablissements de santd na sua transformação pelas tecnologias de informação e comunicação (2011).

O New Hope Hospital, que pretende ser uma estrutura de saúde moderna com duas redes de hospitais em áreas diferentes, fez muito poucos progressos na automatização do seu sistema de informação. A nossa experiência no Hospital New

1

Hope e as investigações realizadas sobre o seu HIS, revelam que este sofre do seguinte:
- A utilização de caneta e papel para a transcrição de informação por serviço;
- Falta de uma base de dados para a gestão óptima dos dados hospitalares;
- Falta de aplicações e de sítios Web para fins específicos;
- Sem intranet ou outros tipos de redes locais para interligação de serviços e agências ;
- Falta de tecnologia digital de monitorização e seguimento de doentes;
- Ausência de um departamento de TI e de um plano director de TI ;
- Gestão manual dos registos dos doentes ;
- Sobretudo facturação manual ;
- Registos e folhas de consumo portáteis;
- Gestão manual de ficheiros de pessoal e balcões de parceiros privados e públicos, etc.

Os pontos fracos acima referidos levantam as seguintes questões:
❖ *Que sistema de informação existe no hospital New Hope?*
❖ *Qual pode ser o melhor sistema de informação a fornecer a estes últimos para a gestão racional dos seus dados e o aumento da monitorização dos pacientes?*

2. *Hipóteses:*
❖ Apesar da presença de computadores, impressoras, scanners, software de escritório e outro equipamento electrónico disponível no Hospital New Hope, e dada a ausência de aplicações e bases de dados apropriadas para o processamento automático de dados, *o sistema de informação existente no Hospital New Hope seria manual.*
❖ Dada a granularidade da informação gerida neste hospital, o tratamento total pelo homem expõe-o também a riscos que já não estão a ser demonstrados, *um sistema informatizado de informação seria o mais apropriado para a gestão racional dos dados e aumentaria a monitorização dos pacientes.*

3. *Ponto da situação*
O sistema de informação hospitalar é de interesse para várias disciplinas e existem vários investigadores sobre o assunto.

Conscientes do acima exposto, explorámos a literatura existente, e o seguinte trabalho chamou a nossa atenção:
1) S. Guetibi, *Developpement du système d'information hospitalier par l'un des huit principes du management qualite* (projecto de investigação de doutoramento), Março de 2015, Universidade Sidi Mohamed Ben.
O projecto de investigação de Sabrina centra-se em duas áreas: gestão da qualidade em instituições de cuidados de saúde, e sistemas de informação hospitalar. A gestão da qualidade tornou-se essencial na gestão de uma instituição de saúde, a fim de fazer face a constrangimentos estruturais, sociais, éticos e financeiros. Esta qualidade dos cuidados, a própria essência dos valores da gestão da qualidade, segundo a OMS citada por Sabrina; a política é fazer compreender a todos os intervenientes que o objectivo declarado é assegurar o melhor serviço ao melhor custo para o benefício do maior número (p. 6). Quanto ao HIS, constitui agora uma alavanca importante para encorajar a coordenação dos profissionais do sector hospitalar dentro e fora dos estabelecimentos, para melhorar a qualidade e segurança

dos cuidados, e para optimizar a utilização dos recursos dos estabelecimentos de saúde (Idem).

O principal objectivo deste trabalho é utilizar a abordagem do processo para fazer evoluir o HIS de acordo com a evolução do hospital, estudando o caso do Hospital Universitário de Fes, e introduzindo esta abordagem em todas as fases do desenvolvimento deste sistema, a fim de atingir o objectivo final de "Boa" mudança ou melhoria contínua (Idem).

O que este trabalho tem em comum com o nosso é a qualidade dos sistemas de informação nos hospitais e a abordagem utilizada para diagnosticar os riscos e propor soluções. No entanto, existe uma diferença significativa entre o presente trabalho e o de Sabrina, na medida em que as suas orientações se centram nos pressupostos de saúde pública em termos de sistemas de informação, enquanto que no nosso contexto queremos envolver as TI nos hospitais para melhorar a qualidade do SIA.

2) Cheik O. Bagayoko, *Mise en place d'un Systeme d'Information Hospitalier en Afrique Francophone: Cinz@n, estudo e validação do modelo no Mali* (These de doctorat, Universite de la Mediterranee), 04/10/2010.

No âmbito deste projecto, Oumar propõe lançar as bases de um modelo simples, adaptado, económica e culturalmente aceitável de um sistema de informação hospitalar informatizado em referência ao modelo implementado no Hopital Mere Enfant le "Luxembourg" no Mali, em colaboração com as autoridades hospitalares e todos os actores potenciais. A sua abordagem baseia-se na valorização das ferramentas de código aberto (Oumar, 2010).

De facto, temos um objectivo comum com Cheick: defendemos a implementação de sistemas de informação computorizados nos hospitais. Neste contexto, as NTIC constituem um vector que favorece a coordenação dos profissionais de saúde, a optimização das despesas de saúde através de uma melhor coordenação dos processos de cuidados, e uma estreita cooperação para permitir melhores cuidados aos doentes (p. 1).

Por outro lado, a nossa contribuição é dirigir as nossas ideias para a gestão de dados hospitalares, registos de doentes, segurança, e monitorização de doentes, a fim de encorajar a automatização do HIS na República Democrática do Congo em geral, e no Hospital New Hope em particular.

3) J. Burakali B. : *Proposition de conception et implementation d'un système de securite numérique des maisons dans une ville: cas de l'alerte des attaques et intrusions domiciles d'une ville: cas de l'alerte des attaques et intrusions domiciles d'une ville: cas de l'alerte des attaques et intrusions domiciles d'une ville.*

4) *n a cidade de Bukavu* (Travail de Memoire), Universite Libre de Grands Lacs (ULGL) de Bukavu, Novembro de 2020.

Utilizámos esta investigação anterior porque propõe um sistema de informação informatizado para a segurança doméstica através do reconhecimento facial e alertas em tempo real, mas vale a pena recordar que, no contexto de uma maior vigilância dos pacientes num hospital, dos movimentos de indivíduos dentro dele, os profissionais de saúde também necessitam de um sistema de segurança digital. Contudo, a particularidade do presente trabalho é que se afasta da lógica da segurança em casa para se concentrar na segurança numa estrutura médica, e especificamente

NOVO HOSPITALO HOSPITALAR.
5) Sr. Abdoul Aziza BA, Implementação de *uma aplicação web para a gestão de pacientes do Departamento de Medicina Interna no Centro Hospitalar Regional EL HADJI AHMADOU SAKHIR NDIEGUENE DE THIES* (Memória), Universidade Alioune Diop de Bambey - Licença Profissional 2020

Na sua obra, o autor analisa o sistema de informação existente no Departamento de **Medicina Interna do** hospital, e diagnostica as seguintes limitações:
- Uma perda de tempo na consulta do paciente;
- Redundância recorrente na entrada de informação.

Assim, propõe como solução, um sistema de informação automatizado que irá melhorar o sistema de gestão de pacientes e motivar ainda mais o pessoal graças a interfaces concebidas de uma forma lógica e funcional que seja fácil de compreender (M. Abdoul, 2020).

O resultado alcançado pelo Sr. Abdoul interessará ao nosso trabalho pelo facto de a aplicação web que ele propôs à estrutura estudada ser um elemento das soluções no foco da nossa investigação essencialmente concentrada no Hospital Nova Esperança.

6) Samar Bakoben, *Gestão de pacientes numa clínica em Java* (Memória)? Licenciatura em Informática de Gestão da Universidade Libanesa-Libanesa, 2009.

Tendo diagnosticado a utilização de métodos tradicionais (papel e lápis) na gestão dos processos dos doentes, pareceu essencial à Samar encontrar uma solução indispensável, que sirva para :
- Organizar a agenda do Médico;
- Gerir as consultas e reservas dos pacientes;
- Informatizar os registos dos pacientes, registando todos os detalhes das suas visitas (exames, resultados, receitas) no computador;
- Imprimir relatórios médicos em vez de os escrever à mão;
- Pesquisa de registos num segundo (Bakoben, 2009).

O trabalho de memória da Samar parece-nos muito interessante na medida em que se concentra mais na gestão informatizada dos registos dos pacientes, e é sobre este ponto que o nosso trabalho de incentivo à informatização da gestão dos registos dos pacientes nas estruturas de saúde na República Democrática do Congo em geral, e no hospital New Hope em particular, é muito centrado.

7) Universite Libre de Bruxelles, *Cerhis, ferramentas informáticas adaptadas para a gestão de hospitais na RDC* (artigo consultado em https://www.ulb-cooperation.org/fr/actualites datado de 02/03/2021 às 10:00 horas, hora de Bukavu).

Este artigo, produzido e publicado pela ULB, descreve o software CERHIS, que é uma das raras ferramentas informáticas para a gestão de registos hospitalares de doentes, que tem em conta as muitas restrições técnicas encontradas nos hospitais dos países em desenvolvimento (ULB-Cooperation, 2019).

Na grande maioria dos hospitais da RDC, segundo o artigo, os registos dos pacientes são mantidos em papel, o que coloca enormes problemas de arquivamento e armazenamento. O acesso à informação antiga é difícil, se não impossível. Perde-se regularmente informação importante e por vezes vital, não só em detrimento da qualidade dos cuidados ao paciente, mas também da gestão geral da estrutura (p. 1).

Tal é a motivação, de acordo com a fonte, para a concepção e realização da Cerhis como uma ferramenta informática para ajudar a gestão dos registos dos pacientes nos hospitais da RDC. Este trabalho é-nos caro na medida em que constitui um elemento do conjunto de soluções previstas na condução deste projecto para a obtenção do HIS informatizado nas estruturas sanitárias da RDC em geral, e do Hospital Nova Esperança em particular.

8) S. Nacera; T. Siham, *Système d'information hospitalier et la performance hospitaliere: des liens etroits. Caso de CHUde Mohamed-Lamine Debaghine* (Memoir), Master 2018

Com o objectivo de demonstrar que existe um impacto do HIS no desempenho da gestão do Hospital Universitário Bab El Oued, através de um estudo qualitativo a nível da estrutura ad hoc por meio de entrevistas não-directivas, Nacera e Siham concluíram um :

- A utilização de SI na recolha e disseminação da informação necessária para tomar decisões adequadas aos diferentes problemas de gestão dos diferentes serviços;
  - A existência do impacto do HIS no desempenho de gestão do centro hospitalar.

Neste contexto, utilizaremos os resultados desta tese de mestrado como prova científica para apoiar os nossos argumentos de que o sistema de informação continua a ser a espinha dorsal de qualquer estrutura, e especificamente da estrutura sanitária.

Quanto a nós, o nosso trabalho centra-se na *Análise do Sistema de Informação Hospitalar na RDC: caso do NOVO HOSPITAL,* onde analisamos a qualidade do sistema de informação hospitalar do centro médico em estudo e o comparamos com situações normais noutros locais, a fim de propor soluções evolutivas e sustentáveis para melhores cuidados médicos na República Democrática do Congo em geral, e no âmbito do Hospital New Hope em particular.

4. Objectivos do trabalho
(a) Objectivo geral :
Globalmente, o objectivo deste trabalho é fazer um balanço do sistema de informação existente no Hospital New Hope, diagnosticar os riscos e propor soluções progressivas e permanentes para a melhoria da qualidade do HIS, não só para o Hospital New Hope, mas também para todas as estruturas de saúde na República Democrática do Congo.

(b) Objectivos específicos
Especificamente, a ideia é propor a implementação de um HIS informatizado que o tornará possível:

- Informatizar os registos dos pacientes, registando todos os detalhes das suas visitas (exames, resultados, receitas) no computador;
  - Imprimir relatórios médicos em vez de os escrever à mão;
  - Pesquisar os ficheiros num segundo;
- Fácil acesso aos registos dos pacientes recém admitidos (história, antecedentes, diagnóstico, tratamentos, etc.);
- Manter dados importantes em bases de dados cientificamente muito bem congestionadas;
  - Interligar as diferentes estruturas do hospital;
  - Interligar os diferentes" serviços ;
  - Monitorizar os pacientes hospitalizados por meios informáticos;

5

- Garantir a segurança dos pacientes e do pessoal de enfermagem;
- Acompanhar automaticamente o progresso do paciente e manter-se em contacto com ele após a admissão;
- Imprimir extractos de consumo e facturas geradas automaticamente pelas aplicações relacionadas.

5. Escolha e interesse do assunto

"O sistema de informação torna-se um vector de mudança das competências dos funcionários da organização e a sua concepção assume que terá um impacto no desempenho dos serviços da organização" (Saidani & Taleb, 2018).

Como a saúde humana está na linha da frente, os profissionais de saúde que salvam vidas humanas precisam de estar conscientes do impacto do SIA no desempenho dos seus serviços. Neste contexto, como cientistas informáticos que somos, somos motivados pela investigação no domínio da Saúde no âmbito da informática hospitalar, a fim de contribuir para os melhores cuidados médicos nos chefes de profissionais de saúde.

Do ponto de vista pessoal, temos interesse em estabelecer TI nos hospitais, daí a nossa contribuição como cidadãos para o serviço público responsável pela saúde pública.

Do ponto de vista social, a apropriação dos resultados deste trabalho permitirá aos profissionais de saúde assegurar melhores cuidados aos pacientes, e assim reduzir a taxa de mortalidade da população, porque quando há falta de cuidados, há uma elevada taxa de mortalidade da população devido à falta de cuidados apropriados, o que também se torna benéfico para o Governo da RDC.

De um ponto de vista pedagógico e científico, este trabalho irá motivar grandemente os estudantes de informática, especialmente aqueles no campo da concepção de sistemas de informação, a perceberem que eles são verdadeiramente omnipotentes na comunidade. Além disso, este trabalho irá aumentar o stock de conhecimentos em informática, e mais particularmente em informática hospitalar.

6. Delimitação espaço-tempo

A nível espacial, este trabalho centra-se no sector da saúde na República Democrática do Congo, e mais particularmente no NOVO HOSPITALO HOSPITALO médico.

Em termos de tempo, o estudo centra-se nos anos 2019-2021, porque já em 2019 tínhamos uma base científica muito sólida e coerente no campo dos sistemas de informação, e desde 2020 estamos a entrar no sector da saúde (agente do Hospital New Hope).

De um ponto de vista analítico, apenas o sistema de informação será retido no nosso estudo.

7. Metodologia

A fim de alcançar com sucesso os nossos resultados, utilizámos principalmente os métodos analítico e estrutural-funcional que nos permitiram analisar e compreender os processos empresariais dentro do quadro IS existente no Hospital New Hope.

Técnicas como a observação, entrevistas, documentação e webografia desempenharam um papel importante durante as explorações.

8. Divisão do trabalho

Para além da introdução e conclusão, este livro é desenvolvido em 4 capítulos,

nomeadamente
- O primeiro capítulo trata do *quadro teórico:* Sistemas de informação geral nos hospitais e a contribuição do HIS para melhorar o desempenho hospitalar.
- O segundo capítulo trata da *apresentação do cenário do estudo: **Uma*** breve descrição do Hospital Nova Esperança.
- *O terceiro capítulo é dedicado ao estudo do sistema de informação existente* dentro do Hospital Nova Esperança.
- O quarto capítulo trata da *proposta de soluções*: soluções existentes (software clínico) e soluções de projecto.

Capítulo 1: QUADRO TEÓRICO

1.0 Introdução

Da tese de Mestrado de SAIDANI Nacera e TALEB Siham, *Sistema de Informação Hospitalar e Desempenho Hospitalar: laços estreitos. Caso de Mohamed Lamine Debaghine's CHU*, este capítulo desenvolve duas secções a conhecer:
- O sistema de informação nos hospitais públicos;
- A contribuição do HIS para melhorar o desempenho hospitalar.

1.1. *O sistema de informação nos hospitais públicos.*

Os estabelecimentos de saúde pública são encorajados a questionar as suas práticas, modificando a sua organização para garantir a qualidade dos serviços aos doentes, controlando ao mesmo tempo os custos e optimizando a utilização dos recursos.

Contudo, a evolução da prática profissional e da organização não acompanhou o ritmo, e surgiu uma lacuna entre a regulamentação e a prática profissional. Estas instituições devem adaptar-se às novas regras de gestão, a fim de minimizar os custos. Entre os instrumentos de gestão nas instituições de saúde está o Sistema de Informação (SI), que é cada vez mais escalável, devido à complexidade e desenvolvimento das organizações.

Existem projectos de evolução da SI, que reconfiguram circuitos de informação e de tomada de decisões, e que são concebidos como alavancas para optimizar o desempenho de organizações públicas e privadas. De acordo com Bonnet & Vauquier, "O SI a reconstruir será de um novo tipo. Terá de ser capaz de se adaptar a múltiplas evoluções organizacionais, comerciais e técnicas, ao longo de longos períodos de tempo, várias décadas. Este SI será capaz de se reciclar mais naturalmente do que os nossos sistemas antigos, será mais ágil e permitirá um melhor alinhamento do negócio com o software. Será uma SI mais sustentável".

Este sistema de informação é definido por Laudon, K e Laudon, J como se segue: "um sistema de informação é um conjunto de componentes inter-relacionados que recolhem, processam, armazenam e divulgam informação para ajudar na tomada de decisões, coordenação e controlo dentro da organização" (Kenneth; Fimbel; Eric citado por Saidani & Taleb).

Secção 1: Informação geral sobre sistemas de informação hospitalar.

No campo da medicina e da saúde em geral, a informatização foi introduzida em todas as instituições de saúde durante quase trinta anos e é parte integrante da política de saúde. A informação é considerada como sendo a matéria-prima, e para fazer uso racional da mesma tornou-se necessário ter um sistema de informação genuíno que possa fornecer a informação necessária e relevante em tempo real. A apresentação do conceito de HIS exige uma revisão da definição geral do sistema de informação, a fim de abordar este conceito no contexto dos estabelecimentos de saúde.

1.1. A informação e o sistema de informação

Nos campos das tecnologias de informação e telecomunicações, o conceito de SI aplica-se agora a todas as organizações, privadas ou públicas.

A importância dos sistemas de informação nas empresas e administrações é demonstrar como criar e gerir um sistema de informação de alta qualidade e eficiente ao melhor custo, assumindo ao mesmo tempo os constrangimentos da empresa.

Um Sistema de Informação representa todos os elementos envolvidos na gestão, processamento, transporte e disseminação de informação dentro da organização. Muito concretamente, o âmbito do termo Sistema de Informação pode ser muito diferente de uma organização para outra.

1.1.1 O sistema

Segundo o pai fundador da teoria geral dos sistemas, Von Bertalanffy, o sistema é "um conjunto de trocas recíprocas com um ambiente, estas trocas assegurando uma certa autonomia. Um conjunto de subsistemas em interacção, esta interdependência assegura uma certa coerência. Um conjunto sujeito a modificações mais ou menos profundas no tempo, preservando ao mesmo tempo uma certa permanência".

De acordo com Joel de ROSNAY, o sistema é "um conjunto de elementos que interagem dinamicamente organizados de acordo com um objectivo".

De acordo com Edgar Morin, um sistema constitui "uma unidade global, organizada de inter-relações entre elementos, acções, indivíduos".

1.1.2 Informação

A informação é um elemento básico para gerir uma organização, pelo que é necessário recolher, processar e divulgar esta informação. De facto, a informação é o elemento chave de um sistema de informação, para além da definição dada por Laudon, K e Laudon, J, a informação é "um conjunto de dados, que é recebido por um ser humano que o interpreta". É também um elemento de conhecimento que pode ser codificado para armazenamento, processamento ou comunicação".

A informação difere dos dados na medida em que cumpre um papel. Os dados são em bruto e não têm dimensão, enquanto que a informação tem um significado específico. Os dados tornam-se informação quando são contextualizados. Por outro lado, o conhecimento, para Nonaka, Toyama e Kanno, "é um processo dinâmico criado através da interacção social entre o indivíduo e a organização. O conhecimento é específico do contexto".

De acordo com Darbelet (Michel), Izard (Laurent) e Scaramuzza (Michel): "A informação é um dado transformado numa forma significativa para a pessoa que a recebe, tem um valor real para as suas decisões e acções".

Segundo Nasr (Filipe) define a informação como: "uma imagem de objectos e factos, representa-os e corrige ou confirma a ideia que tínhamos sobre eles. Transforma uma informação, um dado, num recurso utilizável para o destinatário".

A dificuldade de definir este conceito reside na sua utilização por vários campos, acrescida da sua confusão com outros conceitos (dados, conhecimentos) que parecem ser sinónimos, o que não é verdade. A fim de clarificar estes conceitos e eliminar esta confusão, iremos definir os três conceitos:

• Dados: "Um dado é uma representação de informação num programa: ou no texto do programa (código fonte), ou na memória durante a execução. Os dados, muitas vezes codificados, descrevem os elementos do software como uma entidade (coisa), uma interacção, uma transacção, um evento, um subsistema (Wikipedia). Em suma, os dados são caracteres ou símbolos sobre os quais os computadores podem realizar operações. Os dados são, portanto, um elemento de informação, ou a própria informação, que pode ser processada pelo computador.

• Informação: "A informação é a recolha de dados úteis, capazes de fornecer conhecimentos ou informações sobre uma determinada forma. A informação vem de dados, e portanto os dados não se baseiam em informação" (diferença - entre dados e informação, 2018). Em resumo, **Information=Data + Meaning**.

Processamento de dados (definição)

Figura 1: Figura ilustrativa mostrando a diferença entre dados e informação

• Conhecimento: é o conjunto de noções e princípios que uma pessoa adquire através do estudo, observação ou experiência. O conhecimento vem das mentes em acção.

Consequentemente, dentro do hospital de acordo com os actores, a concepção de informação perde-se desta forma de várias maneiras: Para o pessoal de enfermagem, a informação é a essência do seu trabalho, porque a informação recolhida sobre os pacientes permitir-lhes-á orientar melhor o seu diagnóstico e terapia. Para os gestores, a informação recolhida sobre os pacientes é o instrumento para orientar a política da instituição.

1.1.3 Definição do SI

Uma SI é uma construção que consiste em informação, processamento, regras organizacionais e recursos humanos e técnicos. Os conjuntos de informações são representações parciais de factos de interesse para a instituição, organização ou empresa.

A definição do sistema de informação varia de acordo com os autores.

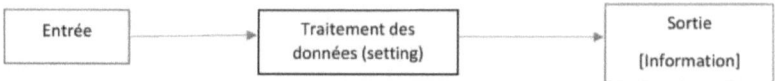

De acordo com Laudon K e Laudon J, o sistema de informação é "um conjunto de componentes inter-relacionados que recolhem, processam, armazenam e divulgam informação para apoiar a tomada de decisões, coordenação e controlo dentro da organização.

Segundo Robert Reix, o sistema de informação é um "conjunto organizado de recursos: hardware, software, pessoal, dados, procedimentos... permitindo a aquisição, processamento e armazenamento de informação (sob a forma de dados, texto, imagens, sons, etc.) dentro e entre organizações".

É essencial, portanto, salientar que o conceito de SI não é apenas informática, enquanto que, em termos gerais, há uma tendência para identificar o sistema de informação e a informática.

A opinião maioritária generalizada é que a SI de uma organização é um conjunto de ferramentas informáticas. No entanto, embora esta seja a opinião maioritária, na realidade está errada. Existe de facto uma relação estreita entre SI e TI. No entanto, não é uma relação de identidade, mas uma relação de procura e oferta. De facto, há uma necessidade nas organizações de processar informação para que possam ser eficientes e desenvolver-se. Acontece que a tecnologia da informação pode oferecer ferramentas para satisfazer estas necessidades de uma forma adaptada. A relação entre a SI e a TI é, portanto, do tipo cliente-fornecedor.

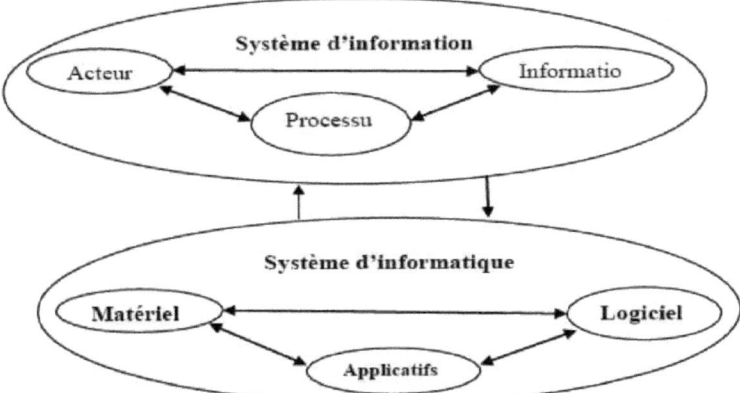

Figura 2: Sistema de informação e sistema informático (p. 17)

1.2 O Sistema de Informação Hospitalar (HIS):
Tendo visto os conceitos básicos de um SI e as suas definições, seremos capazes de abordar a história e as definições do sistema de informação hospitalar, os seus componentes, depois analisá-lo-emos em vários eixos.

1.2.1 História do HIS:
A situação actual do fornecimento de Sistemas de Informação Hospitalar (HIS) foi naturalmente moldada em grande parte pelo seu passado. Parece natural dedicar um capítulo a uma breve panorâmica das principais etapas no desenvolvimento do fornecimento do SIA.

Dadas as características da informática hospitalar, e em particular o grande peso das autoridades públicas e do Estado na construção da oferta, esta história tem sido marcada e fortemente marcada por várias circulares ministeriais e por vários relatórios de vários organismos: é portanto através destas circulares e relatórios que elaboraremos uma rápida panorâmica dos últimos trinta anos.

11

As circulares principais que moldaram a informática hospitalar são as seguintes:
□ Circulares de 1950, a informática sofreu profundas transformações. A transformação do hardware informático é importante em termos de velocidade, potência, fiabilidade e miniaturização. Actualmente, a informática tem utilizações profissionais em todos os campos, bem como utilizações privadas. O desenvolvimento do primeiro HIS, principalmente nos Estados Unidos e alguns países europeus como os Países Baixos, Suécia e Suíça, remonta a meados dos anos 60. Este desenvolvimento segue a evolução geral das tecnologias de informação.
□ Circulares de 1970, o HIS de acordo com uma abordagem vertical, que é utilizada em França, consiste em copiar as aplicações sobre as estruturas do hospital. Nos anos 80, o HIS de acordo com uma abordagem horizontal e baseada em processos, a abordagem horizontal consiste em individualizar os processos a serem informatizados. Se o número de processos a serem informatizados permanecer baixo, o número de interfaces a serem realizadas é controlado.
□ Circulares de 1990, o HIS de acordo com uma abordagem mista consiste, de forma simplificada, em seguir uma abordagem horizontal para as unidades de cuidados e uma abordagem vertical para as plataformas técnicas. Esta abordagem foi frequentemente utilizada nos anos 90, a fim de se poder informatizar os departamentos de radiologia primeiro nos hospitais.
□ Circulares de 2000, o HIS de acordo com uma abordagem integrada onde o HIS se torna mais eficiente e acima de tudo mais colaborativo. A abordagem é chamada integrada porque os módulos comunicam entre si e estão integrados num único e mesmo sistema. As interfaces são reduzidas porque os HIS estão, tanto quanto possível, integrados num único e mesmo sistema. O conceito de apoio à decisão foi introduzido em meados dos anos 2000.
□ Circulares do ano 2000, integração do apoio à decisão no HIS, sistemas de apoio à decisão têm sido integrados nos Sistemas de Informação desde o início do ano 2000.

1.2.2 Definição de HIS:
Os sistemas de informação hospitalar apareceram pela primeira vez em França após a criação em 1991 do programa de medicalização de sistemas de informação PMSI. As circulares ministeriais nº 275 de 6 de Janeiro de 1989 emitidas pelo Ministério da Saúde definiram o sistema de informação de um estabelecimento de saúde como "toda a informação, as suas regras de circulação e processamento necessárias ao seu funcionamento quotidiano, os seus métodos de gestão e avaliação e o seu processo estratégico de tomada de decisões".
O HIS é um dos componentes do Sistema de Informação Sanitária. De acordo com Gerard Poncon, dá a seguinte definição: "O sistema de informação hospitalar é parte integrante da organização hospitalar que está "em constante evolução; é capaz, de acordo com regras e métodos operacionais predefinidos, de adquirir dados, avaliá-los, processá-los usando ferramentas informáticas ou organizacionais, e distribuir informação contendo elevado valor acrescentado a todos os parceiros internos ou externos do estabelecimento, trabalhando em conjunto num esforço comum orientado para um objectivo específico, nomeadamente o cuidado e a recuperação de um paciente".
Segundo De goulet, "o Sistema de Informação Hospitalar (HIS) pode ser definido como um sistema informático concebido para facilitar a gestão de toda a informação

médica e administrativa de um hospital".

O objectivo do HIS é fornecer uma ferramenta aos gestores hospitalares que podem finalmente ter dados sobre o que o seu hospital realmente produz; tornar-se uma ferramenta de garantia de qualidade nos hospitais porque, ao permitir comparações relevantes, encoraja a adopção de boas práticas.

1.2.3 Os componentes do HIS

O HIS é composto principalmente por três sistemas que são :

□ O sistema administrativo:

O sistema administrativo permite a admissão de pacientes, a gestão dos seus movimentos dentro do hospital (camas, transferências entre departamentos) conhecida como "gestão operacional", a alta administrativa de pacientes, facturação (custos de alojamento), etc. Tem vários sub-sistemas, entre outros:

• O sistema contabilístico: inclui vários sub-sistemas: contas a pagar, contas a receber (no caso do hospital, trata-se da gestão contabilística das despesas de alojamento), gestão de activos fixos, etc., etc.

• O sub-sistema de administração hospitalar diária: trata de facturação, gestão de pessoal, gestão de inventário e contabilidade geral.

□ O sistema logístico:

Inclui todos os fluxos resultantes de acções médicas (receitas, resultados, transferências, arquivamento). Coloca em jogo os vários serviços clínicos e plataformas técnicas do estabelecimento para apoiar a actividade da equipa de cuidados de saúde.

□ Sistemas de informação médico-técnica:

A plataforma técnica no sentido mais amplo inclui todas as plataformas de exame (laboratórios, imagiologia médica, explorações funcionais, etc.), mas também a farmácia central, em certa medida as unidades de reanimação e de cuidados intensivos.etc. Tem vários sub-sistemas que são :

- O subsistema de acção médica: diz respeito às actividades levadas a cabo pela equipa de saúde para responder ao problema do doente: informação recolhida sobre o doente, constituição e consulta do processo do doente, conhecimentos médicos, processos de tomada de decisão...., etc. O subsistema baseia-se nos seguintes princípios: - O subsistema de acção médica: diz respeito às actividades levadas a cabo pela equipa de saúde para responder ao problema do doente: informação recolhida sobre o doente, constituição e consulta do processo do doente, conhecimentos médicos, processos de tomada de decisão, etc.

• O Subsistema de Investigação e Estudo: Trabalhos sobre agrupamentos de registos, desde que tenham sido devidamente constituídos, para fins de avaliação epidemiológica ou da qualidade dos cuidados.

• O sub-sistema de planeamento hospitalar: tem uma visão mais estratégica, baseia-se na análise de negócios ou estudos de morbilidade hospitalar para tomar decisões de investimento estrutural. Diz respeito a entidades externas (autoridades reguladoras, prestação de cuidados de saúde envolventes, estado de saúde da população servida, ...etc.).

Estes componentes são mostrados na figura seguinte:

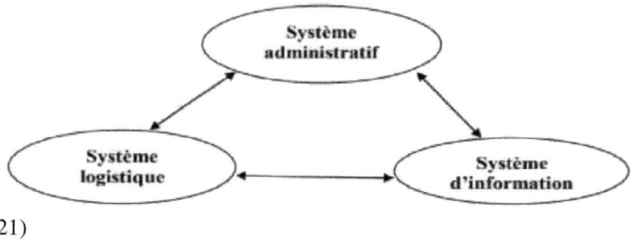

21)

Figura 3: Componentes do HIS

(Saidani & Taleb, p.

O hospital é de facto uma fdddração de subsistemas funcionalmente distintos mas não desarticulados, dentro dos quais e entre os quais flui informação.
Todos estes subsistemas são interdependentes e estão largamente centrados no ficheiro do paciente. Assim, mesmo que a informação "médica" e "administrativa" não seja recolhida pelas mesmas pessoas, não utilize os mesmos procedimentos ou os mesmos conhecimentos, e não se concentre nos mesmos factos, a acção médica não pode ser abstraída da informação administrativa, enquanto que o hospital não pode ser gerido adequadamente sem considerar a sua finalidade de cuidados (qualidade dos cuidados, progresso dos conhecimentos, adaptação às necessidades da população).

1.2.4 Organizações envolvidas pelo HIS
O termo "HIS" refere-se explicitamente ao Sistema de Informação Interno de uma organização de saúde, especialmente hospitais. As instituições visitadas são tipicamente :
• Hospitais ou instalações públicas;
• Clínicas ou estruturas privadas.
Embora tenha Sistemas de Informação, o termo HIS não será apropriado para outras organizações de saúde, tais como :
• Centros de radiologia;
• Laboratórios de análise de biologia médica;
• Os centros de saúde;
• Consultórios médicos.
Quando os primeiros Sistemas de Informação foram instalados nos Estabelecimentos de
No domínio dos cuidados de saúde, é habitual distinguir entre o Sistema de Informação Clínica (SIC) que contém os dados clínicos do paciente, e o Sistema de Informação Hospitalar (SIH) que contém os dados administrativos de entrada do paciente (entrada, estadia, movimentos, identidade, morada).

1.2.5 Abordagens à análise do sistema de informação hospitalar
A análise do sistema de informação do hospital pode ser feita de várias maneiras:
1.2.5.1. Os componentes ambientais do HIS :
Como resultado, vários intervenientes estão envolvidos directa ou indirectamente através do sistema de informação hospitalar, enquanto intervenientes externos incluem entidades reguladoras, mas também companhias de seguros, fabricantes e meios de comunicação; os intervenientes internos são obviamente doentes e pessoal de saúde (médicos, enfermeiros, etc.). Quanto aos actores internos, estes são pacientes, pessoal de saúde (médicos, enfermeiros, etc.), pessoal administrativo, etc.

Estes actores são mostrados na figura seguinte:

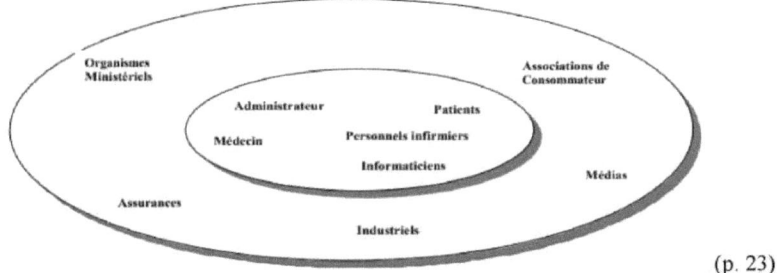

(p. 23)
Figura 4: As partes interessadas no ambiente HIS
Comentário: Ao analisar esta figura, deve concluir-se que o papel do especialista em informática não deve ser negligenciado no processo de gestão do paciente, especialmente porque é um actor em pé de igualdade com o administrador, o paciente, o médico e o enfermeiro para uma gestão racional, por meios informáticos, dos dados administrativos do paciente.

Como já dissemos, todos já compreenderam que o acesso à informação em tempo real tem um impacto positivo no cuidado do paciente; daí a presença imperativa do sistema informático num HIS.

2.2.5.2 Abordagem funcional:
O HIS está subdividido em funções principais, subfunções tais como: funções médicas (registo médico informatizado, prescrição de actos), funções logísticas, funções financeiras, etc.

Vantagem:
☐ Simples de compreender porque temos uma desagregação por profissão, de leitura imediata.
☐ Corresponde frequentemente à oferta dos fornecedores.
Inconvenientes: ☐ Não permite a informatização de processos que se estendem por vários domínios.
☐ Ilustração: prescrição de medicamentos pelo médico, inseparável da sua administração pela enfermeira, inseparável da dispensa ou validação pelo farmacêutico.
A figura abaixo ilustra esta análise:

15

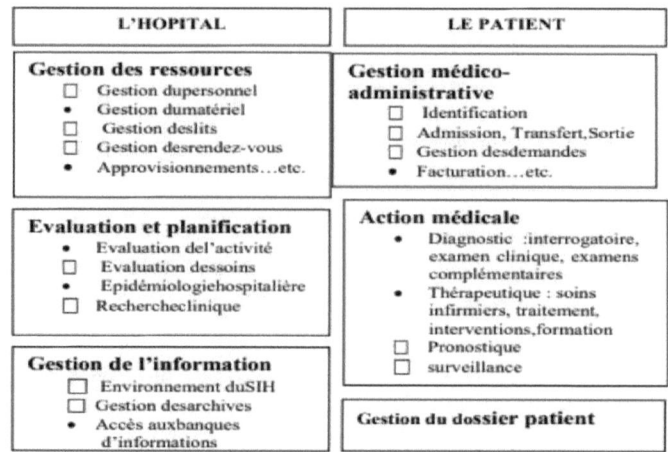

Figura 5: Análise funcional do HIS

(p. 23)

Comentário: Embora muito mais envolvido na **Gestão da Informação**, o especialista em informática está envolvido em todas as outras funções do HIS; daí a necessidade de um departamento de informática num centro hospitalar com uma gama diversificada de especialistas em informática como recursos humanos.

2.2.5.3 Abordagem estrutural (topológica):

Divisão do HIS de acordo com a divisão organizacional: unidades de cuidados, plataforma técnica, serviços administrativos.

Vantagem:

□ Permite-lhe gerir um projecto alvo □ Permite-lhe sobrepor o grupo de trabalho ao departamento.

Exemplo: criação de um ficheiro de especialidade num departamento de cardiologia.

Inconveniente

□ Risco de chegar a um HIS departamental.

□ Dificuldade em fazer avançar a lógica da integração.

□ Ilustração: um registo médico por unidade de cuidados, sem comunicação com as TI administrativas e ainda menos entre elas (continuidade dos cuidados dentro de um sector de cuidados).

Em termos de análise do sistema de informação, cada uma destas estruturas, seja médica ou medico-técnica, torna-se um recurso disponível para outras estruturas ou para o mundo exterior, gerando actos, produzindo informação e consumindo outros recursos. Esta análise está resumida na figura seguinte:

16

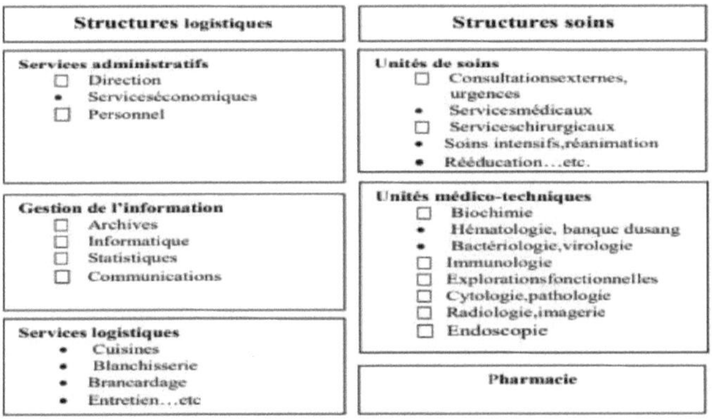

Figura 6: Análise Estruturada^ do HIS

(p. 25)

2.2.5.4 Os principais objectivos do HIS

O HIS é importante para o funcionamento e gestão de uma instalação de cuidados de saúde. Facilita a gestão, avaliação e planeamento. Segundo Kohler, o HIS concentra-se em dois objectivos principais: melhorar a qualidade dos cuidados e controlar os custos.

Para melhor compreender os objectivos deste último, apresenta-se o seguinte quadro:

Quadro 1: Objectivos do SIH

Qualidade das varreduras	• Melhorar a comunicação • Redução dos tempos de espera • Ficheiro Pay-integre • Ajuda para receber donativos
Controlo do pescoço	• Redução da duração da estadia • Redução dos lachiesadminisiraiives • Optimização de recursos

O sistema de informação hospitalar é um apoio essencial à gestão hospitalar, tem um conjunto de características próprias dos estabelecimentos de saúde, mantém os elementos fundamentais que definem qualquer sistema de informação, mas o sucesso de um SSI está sujeito a uma série de condições. Entre os mais importantes estão: um conhecimento profundo do fluxo de informação no hospital, uma análise detalhada da sociologia da organização, uma estratégia adequada de hardware e software e uma estimativa justa dos recursos necessários.

1.2. A contribuição do HIS para melhorar o desempenho hospitalar

Esta secção é extraída do Capítulo III da Memória dos Autores citada na introdução do nosso primeiro capítulo.

O estudo conduzido em 2018 por SAIDANI Nacera e TALEB Siham centrou-se

17

na análise empírica aprofundada a fim de determinar e explicar, através de um questionário, como o sistema de informação hospitalar contribui para melhorar o desempenho no Hospital Universitário Bab El Oued.

Deve salientar-se, antes de continuar com esta secção, que o desempenho em questão aqui só pode emanar de um verdadeiro HIS digno de ser chamado de "Instrumento de Apoio à Decisão", e portanto de um HIS *informatizado*.

2.1 O papel do sistema de informação do hospital

2.1.1 O sistema de informação é uma ajuda para a tomada de decisões:
O Sistema de Informação Hospitalar permitirá aos gestores obter a informação de que necessitam para tomar decisões, estudar mais facilmente as possíveis consequências das suas decisões, e automatizar certas decisões.

2.1.2 O Sistema de Informação Hospitalar é uma ferramenta para controlar a revolução e a organização da saúde:
O Sistema de Informação Hospitalar permitirá a detecção de disfunções internas ou situações anormais para que esta ferramenta possa estar operacional; o Sistema de Informação deve ser o "colectivo шёшоие" da organização, mantendo um rasto constante de cada peça de informação.

2.1.3 O Sistema de Informação Hospitalar é uma ferramenta de coordenação do différentes hospital activo:
O Sistema de Informação Hospitalar também fornecerá informação sobre o presente, que será a mesma para todos os serviços e será actualizada regularmente. Todos são informë da mesma forma de acordo com o seu acesso à informação: **Princípio da "Segregação de deveres"** (Mbilizi, 2020) na técnica da base de dados.

Para os investigadores, as finais do HIS numeraram três (cLisão, controlo e coordenação), e estão resumidas na tabela seguinte:

Quadro 2: Os três pontos fracos dos sistemas de informação

Finalidades do sistema de informação hospitalar cTtin
A decisão
Controlo
Coordenação
O sistema de informação torna possível automatizar um certo número de decisões que resultam em decisões apropriadas.
11 também fornece aos decisores os elementos necessários para a tomada de decisões e possibilita o estudo das consequências.
O novo sistema estará pronto para ser utilizado num futuro próximo. [] possuído com o objectivo de auxiliar a decisão.
Mas o computador não deve substituir o decisor, especialmente porque o Ic SI é um veículo de informação repetitiva e não pode fornecer toda a informação necessária para as decisões mais importantes, que são de natureza excepcional.
O sistema de informação deve ser a memória da organização através do processamento da informação sobre o seu passado. Este histórico de situação permite um controlo revolucionário da organização através da detecção antecipada de situações anormais.
Ex-dacontabilidade
generalproduct
relatórios periódicos de demonstrações financeiras descrevendo
todas as transacções financeiras realizadas com terceiros.
O sistema de informação deve também traçar a informação que projecta o presente de Γ hop it al a fim de coordenar a acção de diferentes subsistemas Ex: **sistemas**
entrevista de informação! no processamento de encomendas em
Coordenar a acção de entrega e a contabilidade dos pacientes com os representantes.
(p. 109)

Para dëcider, é necessário ter informação:
• Relevante

cuja organização é adaptada às necessidades de gestão do estabelecimento de saúdeb ;
• Fiável
São de confiança, verdadeiros, exactos e actualizados;
• Disponível em
Existentes e não ocultas (informação estruturada).

2.3 As funções do HIS como ferramenta para a melhoria do desempenho

O hospital é considerado como um sistema complexo, e qualquer sistema complexo é dividido em três subsistemas de acordo com a decomposição geral proposta por LeMoigne.
Este último é chamado modelo canónico O.I.D. (Operator system / Information system / Decision system). Estes três subsistemas no ambiente hospitalar estão representados da seguinte forma:
O sistema operativo fornece dados para o sistema de informação e recebe mensagens de execução. Os dados são sempre eventos internos para os mesmos, e as mensagens de execução representam operações a realizar. Num hospital, cada estrutura que produz, fabrica e executa é um sistema operacional.
O sistema de direcção, informação pergoit, analisa-a e gera nova informação de um tipo particular chamada decisão.
O sistema de informação, por outro lado, fornece a ligação entre os diferentes sistemas. Ou perdura e armazena informações do exterior (por exemplo, um acordo de segurança social ou uma circular ministerial) e informações do sistema operativo (receita para um paciente, nota de entrega de medicamentos). Esta informação é referida como "eventos", externos para o primeiro e internos para o segundo. Recebe directivas do sistema de tomada de decisão, tais como, por exemplo : Trata toda a informação que passa através dela, colocando o remetente e o destinatário em contacto e memorizando-a, e finalmente fornece informação ao sistema de tomada de decisão, para a informar e dar-lhe os meios para a tomar; ao sistema operativo, para que saiba que decisões deve executar; externamente, se a natureza da informação assim o exigir e se o sistema de tomada de decisões o ordenou.
Portanto, o sistema de informação permite recolher, memorizar, processar e restaurar os diferentes dados da organização de modo a permitir que o sistema de controlo desempenhe as suas funções ao mesmo tempo que assegura o seu acoplamento com o sistema operacional.
Para este fim, o sistema de informação deve, portanto, transmitir três tipos de informação:
• Informação de produção, que provém do sistema operativo e é na maioria das vezes de tipo elementar e repetitivo (identidade do paciente, resultados de análises, pessoal hospitalar presente, etc.).
• Informação orientadora, que permite fazer um balanço, dia após dia, dos objectivos, e é necessária para a gestão administrativa e médica do estabelecimento.
• Informação de direcção, com base na qual são estabelecidas opções estratégicas a longo prazo. Esta última é informação de gestão ou dados estatísticos médicos, sintetizada e definida ao longo do tempo, permitindo aos decisores hospitalares, administrativos e médicos perceber as principais linhas de desenvolvimento do hospital para além das variações instantâneas menos significativas.
Todas estas informações devem ser de qualidade intrínseca geral, adequadas à utilização para a qual foram concebidas e seleccionadas. Também aqui cada um pode

ter a sua própria opinião sobre estas qualidades, mas pode não ser inútil apresentar as principais:
- A informação hospitalar deve ser simbólica;
- A informação hospitalar deve ser da mais alta qualidade intrínseca;
- A informação hospitalar deve ser consistente;
- As informações hospitalares devem ser acessíveis mas confidenciais;
- A informação hospitalar deve ser parcialmente removível;
- A informação hospitalar deve ser detalhada mas global;
- A informação deve ser de natureza sintética;
- A informação para ser consistente deve ser apresentada no sistema de informação.

No entanto, todas estas características brevemente apresentadas não devem ocultar o facto de que a informação é um material que o decisor utiliza, entre outros factores analíticos, para tomar a sua decisão e que, finalmente, a disponibilidade de informação de qualidade não significa que a decisão tomada será relevante, oportuna e aplicável.

A fim de satisfazer as necessidades dos decisores, é necessário sintetizar, reorganizar e historiar os dados de produção do sistema de informação a fim de determinar uma sub-secção relativa ao desempenho hospitalar. O HIS desempenha assim um papel essencial no processo de melhoria da qualidade dos serviços hospitalares. A sua importância reside no facto de reduzir a incerteza inerente a esta última, uma vez que a principal característica das decisões em matéria de cuidados de saúde é a incerteza. Também torna possível analisar o ambiente externo e interno.

O ambiente externo é analisado através do exame da natureza e qualidade das ligações com outros componentes do sistema de saúde: Hospitais locais, medicina urbana, ambulâncias, salas de tratamento, rastreio, comunicação com a população, higiene ambiental e hábitos socioculturais.

A fim de analisar o ambiente interno (desempenho clínico e administrativo), para um diagnóstico bem fundamentado, são necessários estudos comparativos: Comparação ao longo do tempo, a fim de ter uma percepção das tendências com análise dos consideráveis desvios.

Comparação com outros fornecedores, de modo a poder colocar-se em relação à média. É certo que esta avaliação requer indicadores, e isto para tomar decisões estratégicas.

É de salientar que o sistema de informação está no centro da comunicação das organizações hospitalares, uma vez que estrutura, informa e codifica a comunicação interna.

2.4 Qualidades do sistema de informação hospitalar

2.4.1 Primeira qualidade: a rapidez da transmissão de informação

Este critério não deve ser considerado de uma forma absoluta. Significa que a velocidade a que a informação flui deve ser determinada pelo tempo máximo tolerável para que as decisões e as acções que impliquem sejam levadas a cabo dentro de limites de tempo compatíveis.

Esta velocidade torna-se evolutiva de acordo com o momento considerado, variável de acordo com a natureza da actividade e também de acordo com a natureza da própria informação.

Trata-se portanto de ter a velocidade certa de transmissão de informação para cada dado e num determinado contexto.

2.4.2 Segunda qualidade: a fiabilidade da transmissão

A fiabilidade é uma qualidade que deve ser absoluta. Isto significa que a informação deve ser relevante e completa.

□ A relevância da informação

Isto significa que a informação só deve estar presente no sistema na medida em que seja relevante para ele.

□ A informação deve ser completa

Isto significa que a informação parcial não pode ser processada ou pode levar a erros de processamento.

2.5 Os tipos de desempenho e os factores que os influenciam na C.H.U.C. Bab ElOued.

Qualquer organização que esteja vigilante na sua evolução deve identificar os diferentes tipos de desempenho e deve medir constantemente este último porque é uma questão de actualidade para todos os gestores.

O desempenho do Centro Hospitalar Universitário Bab El Oued, Trata-se de estudar o desempenho de uma organização e não de um indivíduo, um actor ou um processo.

O desempenho é estudado à luz dos objectivos do hospital e das expectativas dos actores, tendo em conta o contexto em que ocorre, daí a necessidade de identificar claramente estes três aspectos (objectivos, expectativas e contexto) antes de analisar o desempenho.

No que diz respeito às expectativas, o objectivo é estudar como o desempenho da instituição pode satisfazer as expectativas expressas pelas partes interessadas e como as expectativas podem ser traduzidas em critérios de desempenho.

□ **Características de desempenho**

- Pode ser medido, daí a necessidade de construir ou utilizar indicadores qualitativos ou quantitativos apropriados;

- É avaliado, com base em comparações ao longo do tempo (evolução do valor dos indicadores da organização ao longo de vários anos) e/ou no espaço (utilizando os valores dos indicadores de organizações comparáveis quando disponíveis);

- Pode ser explicado por factores internos (relacionados com os actores) ou externos (relacionados com as flutuações ambientais).

Entre os tipos de desempenho existentes na CHU de Bab El Oued: desempenho organizacional, desempenho técnico, desempenho gerencial, desempenho social e desempenho económico.

3.4 A necessidade de sistemas de informação hospitalar para melhorar o desempenho

Os sistemas de informação hospitalar desempenham um papel importante na melhoria da eficiência e eficácia do desempenho hospitalar. De facto, no processo de decisão, permitem eliminar a ineficiência de várias decisões médicas e administrativas, segundo a Organização Mundial de Saúde (OMS) a ineficiência das decisões tomadas nas instituições de saúde é o resultado da falta de informação, bem como dos instrumentos responsáveis pela sua recolha, transporte e utilização, indexação e processamento de forma a torná-los adequados, uma vez que os sistemas de informação são utilizados em vários casos que envolvem a tomada de decisões médicas, neste caso a prescrição médica, o medicamento para um paciente que sofre de uma doença ou o controlo da epidemia através do desenvolvimento de uma grande estratégia de saúde. Além disso, os sistemas de informação hospitalar continuam a ser de extrema importância no processo médico, daí a necessidade de clarificar as áreas em que o desempenho da saúde e a tomada de decisões são melhorados:

□ Os sistemas de informação hospitalar fornecem a base para um mapa de saúde preciso para o país como um todo em termos de prevalência e as suas causas com precisão e rapidez. Por exemplo, o decisor deve ter à sua disposição centenas de mensagens dispersas e dados contraditórios para poder manter-se dentro dos limites da propagação de uma doença específica, como o vírus da hepatite.

□ Graças ao sistema de informação hospitalar, o decisor pode identificar imediatamente o estado do inventário, em particular, medicamentos e material médico em todos os hospitais e centros de saúde, e concluir incluindo informações sobre as necessidades de cada hospital ou centro de saúde. Além disso, existe uma lista unificada de compras a nível nacional proposta pelos mercados grossistas.

□ O sistema de informação permite identificar o nível de desempenho de todas as instituições de saúde do país, a fim de evitar inconvenientes e erros médicos comuns, uma vez que a instituição de saúde deve utilizar um registo médico para cada paciente, uma vez que é considerada a primeira pessoa a julgar o desempenho de qualquer parte da instituição. O registo de saúde permite recolher e registar o desempenho das práticas da comunidade médica de uma forma objectiva, completa e precisa.

□ Através deste sistema, os planeadores de saúde poderão monitorizar o desempenho financeiro dos hospitais em termos reais e em termos de despesas. Será evitada qualquer sobreavaliação de custos com base em sistemas padrão de custos de tratamento e de tratamento medicamentoso. Uma vez que possui instalações terapêuticas em muitos países do mundo desenvolvido.

□ Isto também tornará mais fácil extrair estatísticas precisas sobre os resultados, número e percentagem de operações geográficas, mortalidade e qualidade dos pacientes em diferentes disciplinas, e depois analisar estas estatísticas para cada período com o objectivo de detectar fraquezas e assim evitá-las, e depois monitorizar a entrada de informação sobre o tratamento e o reforço do processo de tomada de decisões em matéria de saúde, a fim de melhorar a satisfação dos pacientes.

3.5 O lugar do HIS no desempenho hospitalar

As tecnologias de informação tornaram-se uma ferramenta indispensável para as organizações que procuram concorrência e excelência na sua produção. bem como a eficiência e eficácia do seu desempenho. as organizações apressaram-se a criar as bases para a sua implementação. De facto, a utilização desta ferramenta está a criar oportunidades sem precedentes em várias áreas. tais como a melhoria do desempenho. a simplificação e facilitação de processos e a optimização da utilização de mão-de-obra pela sua contribuição significativa para os sistemas financeiros. através da implementação de numerosas acções e mudanças (Estrutura. Deve-se notar que a relação entre a utilização de sistemas de informação informatizados e o desempenho do trabalho é a seguinte:

1. Melhorar muito e eficazmente a funcionalidade através da realização de trabalhos de rotina e consequentes de forma rápida, precisa e barata.

2. Reduzir a carga de trabalho de rotina da criança. permitindo-lhe explorar este tempo. no planeamento estratégico e desenvolvimento de políticas da organização, o que tem contribuído para a eficiência e eficácia da gestão de topo.

3. Melhorar o moral dos empregados, motivando-os a tornarem-se mais leais e reforçar o seu sentimento de pertença à organização, o que é conseguido através de um fácil acesso à informação, o que contribui para a promoção e participação no processo de tomada de decisões.

4. As tecnologias de informação permitem às organizações obter uma vantagem competitiva no mercado. Ao prestar maior atenção à investigação e desenvolvimento para contribuir para a melhoria e desenvolvimento dos recursos individuais.

5. Divulgação e reforço da cultura organizacional e orientações administrativas ao mais alto nível de qualquer organização. De facto, os resultados dos seus processos de gestão têm um papel importante a desempenhar na evolução para a utilização das tecnologias de informação. Assim, isto aparece sob a forma do ambiente de trabalho organizacional e da adopção colectiva do processo administrativo.

6. A tomada eficiente de decisões e o aumento da qualidade são o resultado de um processo eficaz de comunicação administrativa dentro e fora da organização. e a melhoria do processo de coordenação e aliança entre os diferentes níveis administrativos e unidades, a fim de alcançar os objectivos da organização.

Além disso, a aplicação de sistemas de informação modernos tem um efeito positivo na eficiência dos empregados e um impacto na rapidez de conclusão do trabalho. através da flexibilidade administrativa. e da grande importância atribuída à avaliação do desempenho do pessoal da organização.

1.3. Conclusão Parcial

Neste capítulo, discutimos a teoria relevante para os sistemas de informação em geral, e para os sistemas de informação hospitalares em particular.

Utilizando o trabalho realizado por Saidani Nacera e Taleb Siham, podemos concluir:

A SI é cada vez mais ëvolutif devido à complexidade^ e dëveloppement das organizações.

A informação é a matéria-prima de qualquer organização. Para gërer é imperativo ter uma verdadeira SI que possa fornecer a informação necessária em tempo real. O SI numa estrutura hospitalar é normalmente chamado HIS.

O HIS é um instrumento para ajudar o gestor do hospital, que pode finalmente ter acesso aos dados sobre a produção do seu estabelecimento, a tornar-se um instrumento de garantia de qualidade no hospital porque, ao permitir comparações relevantes, encoraja a adopção de boas práticas.

O HIS é uma ajuda à tomada de decisões, um instrumento para controlar a revolução e coordenar a população activa. No ambiente hospitalar, como em qualquer estrutura, um SI deve ser rápido, fiável na transmissão e processamento de informação.

Assim, torna-se impëratif para se ter a certeza de que a estrutura sanitária tem um HIS de qualidade, não só para a melhor qualidade de gestão hospitalar, mas também para a melhor qualidade dos cuidados ao paciente.

Capítulo Dois: Descrição do cenário do estudo: Uma breve introdução ao Hospital Nova Esperança (Musiwa, Mutayongwa, Alliance, Burakali, & Abale, 2020)

New Hope Hospital é uma rede de hospitais privados localizados na província do Kivu Sul, na República Democrática do Congo, África Central.

Esta rede foi estabelecida desde 2015 e tem dois hospitais modernos cuja principal missão é prestar cuidados de qualidade à população da região dos Grandes Lagos, bem como ao pessoal expatriado. Um está localizado no centro de Kavumu, no Território de Kabare, e o outro na cidade de Bukavu, Comuna de Ibanda.

2.1. Geral

Criada a 06 de Junho de 2015 em Kavumu, Território Kabare, Província do Kivu Sul pelo Dr. Pascal NAMEGABE LURHAKUMBIRA, New Hope for Congo é uma sociedade cooperativa simplificada ao abrigo da lei congolesa, com apenas um hospital instalado no centro de Kavumu mas tendo em conta os seus elogios e realizações satisfatórias, os beneficiários dos serviços do Hospital Nova Esperança solicitaram que houvesse uma extensão em Bukavu, pelo que o Hospital Nova Esperança Bukavu verá a luz do dia a 13 de Março de 2017.

Os seus objectivos são os seguintes:

- A luta contra a violência sexual e baseada no género, educando a população para mudar as mentalidades;
- Cuidados psicossociais e apoio jurídico em casos de violação e violência baseada no género;
  - A promoção da saúde materna e infantil;
  - A prevenção de conflitos e genocídios ;
  - Empoderamento económico das mulheres.

É uma empresa cooperativa que é proprietária de hospitais chamados New Hope Hospital.

O primeiro hospital foi estabelecido em Kavumu em 2015 no território de Kabare e organiza vários serviços médicos para o bem-estar da população. Desde então, a New Hope for Congo lançou um projecto de luta contra a violência sexual e de género, organizando campanhas para mudar mentalidades nos grupos de Mudaka, Rwabika (Miti), Bugorhe (Kavumu), Irhambi (Katana) em colaboração com uma organização aшёпсаше dёпошшёе Jewish World Watch. Os grupos-alvo destes projectos são: l'Aгшёе Congolese, a Polícia Nacional Congolesa, ex-crianças-soldados e de grupos arⅢës que se tornaram ciclistas, ëcoles e universidades, magistrados e advogados, grupos de mulheres, o civil socïetë e toda a população em gënëral.

O acompanhamento psicossocial e o apoio jurídico a todos os casos de violência sexual e baseada no género fazem parte das actividades do projecto.

Os hospitais da Nova Esperança para o Congo oferecem diferentes serviços no seu dëpartements incluindo :
- Pediatria,
- Ginecologia e obstetrícia,
- Cirurgia e cirurgia oral,
- Medicina interna,
- Imagens médicas,
- Dermatologia,
- OTORRINOLARINGOLOGISTA
- Oftalmologia,
- A farmácia,
- O laboratório,
- I . administração e
- Investigação científica.

2.2 Organigrama do Centro Médico do Hospital Nova Esperança *(202i)*

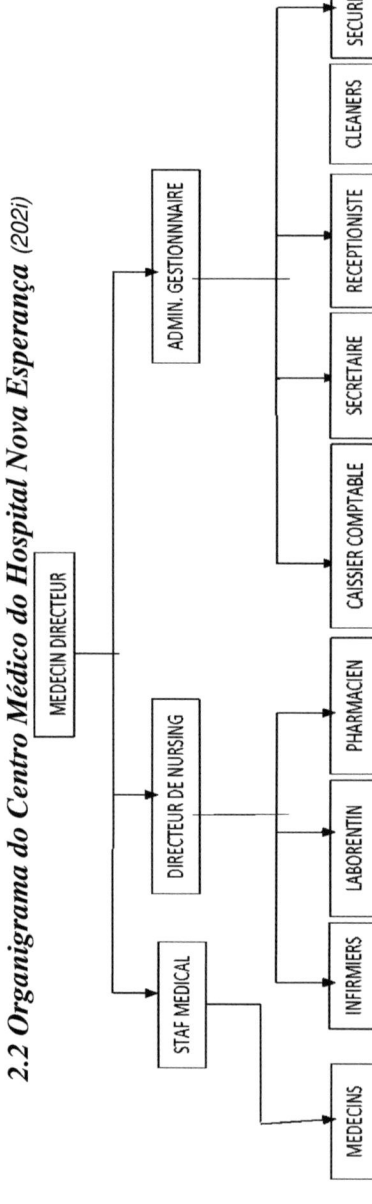

Figura 7: Diagrama de fluxo de NHH

26

2.3. Organização e funcionamento da NHH

O centro hospitalar é gerido pelo Director Sénior, que é um promotor e fundador estatutário. É, portanto, um centro hospitalar privado aprovado.

É composto por duas estruturas médicas, uma em Bukavu e outra em Kavumu; cada estrutura é chefiada por um Director Médico. Explicitamente, NHH tem dois Directores Médicos, um em Bukavu e um em Kavumu. Ambos reportam ao director-geral ou ao seu delegado, localmente designado pelo director "Director".

A gestão administrativa e financeira das duas formações médicas está na atribuição de um único agente chamado Administrator-Manager.

A gestão de dados para ambos os hospitais é da responsabilidade do Secretário Executivo, que produz todos os relatórios, estatísticas, facturas e declarações de consumo necessários, bem como ordens de compra e requisições numa base diária. É geralmente referido como o "Lung, Centralizer, Database Manager" ou o "Computer Scientist".

Os agentes de segurança em colaboração com a recepção estão encarregados da recepção e da orientação dos pacientes.

O pessoal de enfermagem é composto por médicos, enfermeiros, técnicos de laboratório e farmacêuticos.

Capítulo três:
Estudo do sistema de informação existente no Hospital New Hope

3.1. História do departamento de TI e do plano estratégico

(Zirimwabagabo, Kisulamilwa, & Bahogwerhe, 2020)

Quando foi fundada, a promotora da NEW HOPE HOSPITAL não tinha em mente o serviço de TI entre tantos serviços da sua formação médica. Só tinha como missão principal prestar cuidados de saúde de qualidade à população local.

O organigrama pré-2019 do Hospital New Hope incluía apenas os seguintes serviços/agentes:

1) O Director Médico;
2) O administrador gerente ;
3) Médicos;
4) A contabilidade;
5) Enfermeiros, técnicos de laboratório e farmacêuticos;
6) Recepção;
7) Segurança;
8) O serviço de limpeza.

Pouco a pouco, o equipamento médico electrónico exigiu uma manutenção regular; daí a necessidade de o Gestor acrescentar aos serviços anteriores o serviço de manutenção de kits médicos sob a responsabilidade de dois técnicos em electrónica e electricidade, a fim de regular a instalação eléctrica e outras soluções energéticas, manutenção preventiva e curativa do equipamento médico.

Um ano mais tarde, o Hospital New Hope vê-se com muitos assinantes dos seus serviços, que pedem contas, registos de consumo, registos médicos (diagnóstico, história da doença, história, complementos de história, relatórios médicos, progressos, tratamentos, resultados laboratoriais, imagens médicas, etc.) diariamente, semanalmente, mensalmente, etc., quando o toma para centenas de pacientes.

A gestão dos recursos humanos (ficheiros, contratos, formação, promoções, salários...) criou uma variedade de informações a gerir. As relações com os serviços do Estado não secaram para impor da mesma forma uma gestão adequada da informação adequada (acompanhamento do pagamento de impostos e direitos, contribuições CNSS, etc.).

O Ministério da Saúde exigirá que o Hospital New Hope forneça vários relatórios administrativos semanais, mensais, trimestrais, e anuais (taxas de frequência, estatísticas de cuidados primários, estatísticas de cirurgia, maternidade, doenças crónicas e outras patologias).

O Gestor também, não sendo regular nas suas empresas, sentiu a necessidade de saber com precisão, embora à distância, o número exacto de pacientes por categoria que frequentavam os seus hospitais diariamente, mensalmente e anualmente, quantos eram Ho8p11a118ë8, opërëɜ, quantos tinham accoнcьë? Quais? Quanto dinheiro é que eles entram no hospital? Quem consome mais? Quem são os agentes rentáveis e budgëtivores?

Este tipo de novos problemas tem ëdictë a criação de um novo serviço: o serviço informático, que infelizmente devido ao limite de meios, tem ётё subsistido pelo recrutamento de um *Secretário Executivo,* que deve necessariamente ter uma qualificação e competências em compëtences ёlevёes informática para a gestão da informação, de acordo com a política de gestão do Hospital New Hope.

Com a participação activa de todos os membros do pessoal, o secretário executivo desempenha o papel não só da administração do hospital, mas também do departamento de TI. Esta situação de organização administrativa torna difícil a implementação do plano stratёgique do serviço de TI da NEW HOPE HOSPITAL.

3.2. *Plano Director e Organograma*

O plano director é um documento técnico bastante grande (entre 10 e 150 páginas), ёстй pelos gestores de TI que não dizem onde estão localizados em relação à gestão gёnёrale, mas dёcrivent apenas o que todos fazem em relação ao departamento de TI (Bulabula, p. 28).

Sob a supervisão do Secretário Executivo, que é responsável pelo departamento de TI (embora um serviço virtual), realizam-se reuniões no final de cada trimestre, nas quais cada membro do pessoal apresenta as dificuldades da sua ferramenta informática ou exprime novas necessidades em termos de software ou matёrie1s. Com as opiniões de todos os departamentos (todos ёtant membros do departamento de TI de acordo com a política organizacional), o secretário executivo, um perito em TI, avalia as necessidades e estabelece um plano de acção correctivo:

O plano director é geralmente prerrogativa do secretário de gestão, o cientista informático compёtent, director do departamento de TI. O Secretariado do Hospital New Hope faz um esforço para apresentar projectos de informatização e melhoria do sistema, embora a empresa não se preocupe essencialmente com a informatização. Estes incluem :

^ O comptabi1itё : automatisёs modelos de gestão de entradas-saídas ;
^ Aplicações para relatórios de serviços ;
^ Aplicações de pessoal: folha de pagamento ;
^ Gestão do inventário farmacêutico e laboratorial ;
^ Aplicações clínicas;
^ Aplicações 'OFFICE': gestão de registos de doentes, arquivamento, confidentia1itё ;
^ Sёcuritё des donirees ;
^ Administração e segurança da rede ;
^ A escolha, a compra de equipamento informático de acordo com as novas tecnologias;
^ A validação de um novo computador ёquipements.

3.3. *Recursos materiais, humanos e financeiros*

1. RECURSOS HUMANOS

O departamento de TI do Hospital New Hope inclui o pessoal descrito como se segue:

^ O secretário executivo: cientista informático, chefe de departamento;
^ Gestão: o director e o director-gerente, que fornecem orientação profissional;
^ Administração: 1'Administrator Manager que dá orientações empresariais sobre o aspecto da gestão do dia-a-dia da organização. A actual AG é qualificada e competente em informática;
^ Médicos e enfermeiros: fornecem orientações sobre a gestão de registos médicos e tratamento de pacientes, susceptíveis de serem informatizados;
^ Técnicos de laboratório e farmácia: esclarecem sobre a gestão do stock de insumos e

medicamentos de laboratório;

^ Contabilidade e gestão de caixa: estes agentes participam na elaboração dos modelos de gestão de caixa e de contabilidade;

^ Recepção: participam na elaboração de documentos de orientação para doentes em diferentes departamentos do hospital;

^ A segurança está a participar na implementação das ferramentas de monitorização do movimento tdld no hospital.

2. HARDWARE, SOFTWARE E RECURSOS DE REDE

O New Hope Hospital tem computadores, equipamento médico e espaço de escritório (impressoras, fotocopiadoras, scanners). As propriedades dos computadores do hospital estão dentro das normas.

No aspecto de rede, tecnologia sem fios (LAN, WLAN, routers, switches e cabos). Há um acesso fácil e permanente à Internet em NOVO HOSPITALO DE ESPERANÇA.

O sistema operativo: Windows e linux; aplicações desktop: MS-Word, Excel, Editora, Power Point; SGBD: MS-ACCESS, navegadores, e endereço de e-mail para e-mail, pastas de trabalho Excel para acompanhamento de pacientes. Todos estes instrumentos são concebidos, propostos e implementados internamente pelo Secretário Executivo.

3. RECURSOS FINANCEIROS

O departamento de TI da NEW HOPE HOSPITAL não tem o seu próprio orçamento. Todas as suas necessidades são submetidas ao Administrador de Contabilidade e Gestão, que as aprecia e financia.

Os agentes recebem os seus salários mensais. O hospital, para suportar todas as suas despesas, depende apenas das despesas médicas pagas pelos pacientes ou pelas suas seguradoras de saúde.

3.4. Análise da situação e das lacunas

O departamento de TI atribui várias missões. Já o sabe e nós já o demonstrámos no plano estratégico. Mostrámos, através do plano director de TI, o que o serviço faz diariamente.

Deve recordar-se que o objectivo clarificado deste estudo é avaliar os riscos e fraquezas na *gestão dos dados administrativos* dos pacientes em particular, e da informação HIS em geral, tal como descrito teoricamente no capítulo 1.

De facto, no que diz respeito ao departamento de TI, embora considerado como tal pelo gestor, na realidade é um nome errado dentro do hospital New Hope. No verdadeiro sentido, o departamento de TI do Hospital New Hope é um secretariado porque, como já foi dito, um departamento de TI é composto por pessoas qualificadas e competentes em RH com várias especialidades, que realizam o plano director de TI com o material, software e recursos financeiros à sua disposição.

Relativamente ao sistema de aplicação, o IS da NHH sofre da inexistência de um sítio web e aplicações web para o hospital; no entanto, a web é uma tecnologia muito importante para a abertura digital de qualquer organização no contexto de se dar a conhecer ao mundo, mas também a gestão online de estruturas remotas (Bukavu e Kavumu no caso do Hospital New Hope). Além disso, os lotes de informação trazidos em papel por diferentes serviços a fim de serem capturados e armazenados em ficheiros em computadores não significa informatização. A informatização pressupõe a existência de uma base de dados e aplicações partilhadas entre diferentes departamentos que permitem a cada actor realizar as tarefas específicas para ele a fim de actualizar o sistema em tempo real. Concretamente, parece que o NHH HIS está informatizado se :

- Quando o médico regista um paciente no seu consultório, o gestor da base de dados nota-o ao mesmo tempo;
- Quando uma amostra é colhida no laboratório em Kavumu, Bukavu, dá-se imediatamente conta disso;
- A fim de apresentar os diferentes relatórios, o agente em questão simplesmente clica numa interface da aplicação, que, com a ajuda de consultas SQL desenvolvidas pelos designers, imprime os relatórios de saída necessários;
- As facturas e os registos de consumo dos pacientes eram automaticamente geridos pelo sistema informático;
- Os pacientes hospitalizados foram telemonitorizados através de sistemas de peritos;
- Havia interfaces gráficas para cada serviço para introduzir os dados necessários para gerar automaticamente o ficheiro do paciente, o ficheiro de vigilância, o protocolo de ultra-sons, o protocolo operacional, o parthograma, o voucher do laboratório,
- Havia aplicações clínicas para ajudar na tomada de decisões, etc.

E, no entanto, nenhum dos acima mencionados está operativo no HIS no Hospital New Hope.

Quanto aos dados, não podemos falar sobre isso se alguma vez passarmos sem bases de dados. As bases de dados informáticas são utilizadas num grande número de empresas para armazenar, organizar e analisar dados (www.lebigdata.fr). As bases de dados são armazenadas como ficheiros ou um conjunto de ficheiros num disco magnético, cassete, disco óptico, ou outro tipo de dispositivo de armazenamento.

O que temos de lembrar do prémio a bordo em comparação com os padrões de tecnologia de bases de dados aprendidos na Faculdade, é, entre outras coisas:

- A base de dados é gerida por um sistema de gestão de base de dados que é um programa de software que permite à base de dados e aos seus objectos criar, escrever e estruturar os dados, manipular, armazenar, processar, disseminar e proteger os dados;
- Uma base de dados deve ter interfaces gráficas adicionais para colmatar a lacuna entre ela e os seus utilizadores;
  - Partilha de informação entre utilizadores ;
  - Comunicação e relações entre dados (modelos relacionais) ;
  - La gestion des privileges (Segregação de deveres) ;
  - Consultas operacionais como instrumento de tomada de decisão;
  - Relatórios, etc.

3.5.   Estado das bases de dados no Hospital New Hope
Bases de dados ou bancos de dados?
O New Hope Hospital tem normalmente bancos de dados. Geralmente, trata-se de ficheiros de natureza organizacional (folhas de cálculo, documentos, apresentações, etc.).

Que SGBD são utilizados?

Como é reconhecido um sistema de gestão de bases de dados, o Hospital New Hope não utilizava um há cinco anos atrás, no entanto, a necessidade de informação continua a ser expressa. A fim de satisfazer total ou parcialmente estas necessidades, o departamento de TI, com múltiplas responsabilidades atribuídas através de um único funcionário qualificado (o Secretário Executivo), utiliza geralmente a folha de cálculo MS-Excel, que, até prova em contrário, não é um sistema de gestão de bases de dados.

Existem interfaces gráficas para a interacção entre o DDB e os utilizadores?

Uma das qualidades fundamentais de uma base de dados é o rigor no seu controlo dos dados introduzidos pelos utilizadores (tipos de dados,,formatos, tamanhos e auto-completações). Obviamente, isto só é possível na programação graças aos formulários rigorosamente implantados; no entanto, apesar da possibilidade de implementar até formulários para guardar dados numa folha MS-Excel, o Hospital New Hope não dispõe de interfaces de fácil utilização.

Qual é a política de gestão de privilégios do utilizador em vigor?

Estamos bem conscientes de que o princípio da "Segregação de deveres" em que se baseia a gestão dos privilégios dos utilizadores visa limitar os direitos de acesso dos utilizadores e, especialmente por se tratar de um profissional de saúde, os dados do doente devem permanecer confidenciais. Ambos podemos ter o direito de aceder à base de dados de atendimento de doentes do hospital, mas podemos não ter a mesma utilização para o mesmo fim. Pode utilizá-lo para ver estatísticas sem ter o direito de adicionar ou modificar dados.

Infelizmente, as pastas de trabalho Excel utilizadas pelo Hospital New Hope só são protegidas por uma palavra-passe à porta de qualquer utilizador autorizado. Consequência: o gestor administrador, pelo facto de apenas possuir a palavra-chave da abertura da folha de cálculo ou da folha Exeel, pode apagar taehes que são apenas específicas do director Medeein, do secretário executivo ou do contabilista. A este nível, notamos que o princípio da "Segregação de deveres" não é garantido.

É possível descrever e estruturar os dados?

É a este nível que o eoneeptor define o tipo de dados de um atributo, o seu formato, o seu valor por defeito e o seu tamanho.

O separador Data/Data Validation do software Exeel utilizado pelo Hospital New Hope, oferece esta possibilidade: pode-se definir o tipo de dados, o tamanho, o valor mínimo e máximo, bem como as mensagens em caso de erros de introdução; infelizmente, a ajuda e o guia do utilizador ainda estão pendentes; por conseguinte, esta ferramenta não é de todo fiável para a descrição e a estruturação dos dados como uma qualidade essencial de uma base de dados.

É possível aplicar a relação entre os dados: relações entre tabelas ou folhas?

Absolutamente, se for competente, existem listas Excel que derivam de tal e tal folha. Mas infelizmente, os utilizadores no Hospital New Hope não têm qualquer eompetenee. Cada vez que uma nova folha Excel é iniciada, é necessária a intervenção de um perito: o secretário de gestão. Mas os utilizadores não estão habituados a ela, pois podem não ter recebido qualquer formação profissional interna ou externa sobre o assunto.

E quanto à divulgação e partilha de dados?

O New Hope Hospital utiliza o WhatsApp, GMAIL, Drive, ... para trocar dados entre utilizadores. A este nível, não há dados multi-utilizador, multi-utilizador, multi-estação, de asséptico, de alteração e actualização permanente. Note-se também que podemos perder recursos físicos ou redes que desempenham o papel de tempo para transferir dados entre dispositivos.

Um utilizador deve enviar os ficheiros do seu PC para o seu telefone a fim de os enviar à direcção através do WhatsApp, GMAIL, Drive, etc. Não podemos perder uma unidade flash USB ou Bluetooth? Como posso ter acesso às mudanças em tempo real? Este é também um problema a reportar no Hospital New Hope na sua gestão de base de dados!

Em suma, encontrámos fraquezas na gestão de bases de dados no Hospital New Hope. Estes pontos fracos incluem, entre outros, os seguintes:

3.6. Fraquezas/Riscos de diagnóstico :

- O sistema de informação da NHH é manual;
- De facto, não existe nenhum serviço de TI dentro da NHH;
- Não existem bases de dados reais no Hospital New Hope, existem apenas bases de dados (e apenas ficheiros organizacionais);

- Não há sistemas de gestão de bases de dados, mas o seu papel já não está por demonstrar;
- Nenhuma interface para facilitar a entrada e controlo de entrada de dados pelos utilizadores, daí problemas de digitação de dados, o que distorce os cálculos aritméticos e lógicos sobre os dados, ou seja, problemas de processamento de dados;
- Falta de segurança para os seus bancos de dados;
- Inexistência da descrição e estruturação dos objectos nas suas bases de dados;
- Falta de bases de dados relacionais, mas é aqui que estamos agora com a tecnologia de bases de dados: a organização está a ficar para trás tecnologicamente;
- Ausência de aplicações web que facilitem o acesso de múltiplos utilizadores aos dados.

3.7. *Conclusão Parcial*

Um sistema de informação é composto por recursos: material, imaterial e pessoal que participa na recolha, processamento, armazenamento e divulgação de informação.

Dado que o SI é a matéria-prima de um sistema da empresa, é portanto imperioso equipar-se com um SI adequado para garantir o desempenho da própria gestão.

Com a actual evolução da tecnologia, a inteligência artificial com sistemas especializados que encarnam o conhecimento de um perito humano num determinado campo, ajuda a tomar decisões racionais na sua gestão (Murhula, 2019); daí a necessidade do sistema informático num sistema de informação organizacional que contribua para o desempenho da gestão.

A ausência de software de processamento automático de informação no Hospital New Hope leva a confirmar a hipótese de que o seu *sistema de informação hospitalar é manual*.

Capítulo Quatro: Soluções propostas

4.0. Introdução

Não examinámos todas as estruturas sanitárias da República Democrática do Congo para julgar a qualidade do seu HIS. No entanto, apesar dos esforços feitos por alguns hospitais congoleses, particularmente os hospitais gerais provinciais de referência, alguns estudos afirmam que a maioria dos hospitais da RDC tem HIS manual: O artigo da ULB cita no estado da edição deste trabalho como um testemunho de coroação.

O New Hope Hospital, que é o campo do nosso estudo, não é imune ao ddfi dvoqud; é por isso que, como pessoal universitário, queremos propor um certo número de soluções que consideramos progressivas e sustentáveis, com vista a obter um HIS para melhores cuidados médicos, dada a elevada posição deste centro médico entre os hospitais privados da província do Kivu Sul.

4.1. Soluções existentes

Aqui, listaremos um certo número de ferramentas informáticas para ajudar na tomada de decisões, ou seja, mais concretamente, software médico ou clínico que já existe e é utilizado noutros locais nas estruturas de saúde.

O software de código aberto (OSS) é o critério fundamental para a escolha do software para permitir ao departamento de TI da organização adaptá-lo aos seus próprios processos empresariais ou HIS, uma vez que tem livre acesso ao código fonte deste software.

O software livre respeita as seguintes liberdades (Diane, 2016):

-      Livre de utilizar o software como desejar (liberdade 0) ;
- Liberdade de acesso ao código, de estudar o seu funcionamento, de o modificar para que execute as suas tarefas informáticas como desejar (liberdade 1);
-      Livre para redistribuir cópias do referido software (liberdade 2);
-      Livre para redistribuir cópias das suas versões modificadas a outros.

De facto, o quadro seguinte descreve os poucos programas informáticos sobre os quais tivemos acesso ao stock de conhecimento aberto ao público científico e profissional:

Quadro 3: Algum software médico ou clínico

Software	Plataforma	Desenvolvedor	Características	Restrições	Comentário	Fonte de informação
CERHIS	Android	AEDES	- Informatização de registos e documentos médicos e administrativos ; - Monitorização do progresso do doente ; - Transmissão de dados entre diferentes serviços	- Fornecimento de electricidade ; - Rede Wifi local para transferência de dados	-Instala um HGR Roi Baudouin, CS Bolingo e Kitoko (ZS Masina I em Kinshasa) desde Dezembro de 2017	www.Cerhis.org

35

Software	Plataforma	Desenvolvedor	Características	Restrições	Comentário	Fonte de informação
			e estações de utilizadores		-Estava em curso. instalação no HPGR Goma em 2019	
OpenClinic GA	Windows, Linux, Xen	Soluções Medical eXchange	- Estatística e Análise ; - HRM; - Sistema de planeamento ; - Gestão de resultados radiológicos e patológicos; - Entrada de encomendas em laboratório e gestão de resultados com apoio do LOINC; - Gestão de Documentos ; - Gestão de inventários ; - Tesauro Clínico 3 BT com suporte para ICD10 e ICPC-2 ; - Suporte de codificação SNomed CT ; - Gestão completa do ADT HL7 ; - O sistema de facturação; - Gestão de seguros de saúde públicos e privados na África Central ; - Identificação de impressões digitais com a ajuda da Biblioteca Digital Persona	Os requisitos de instalação não são claros	- É um pacote de software gratuito; - Pode ser suficiente ter o HIS informatizado apenas dentro da NHH.	www.limswiki.org/index.php/OpenClinicGA
Software	Plataforma	Desenvolvedor	Características	Restrições	Comentário	Fonte de informação

| SO do paciente | Multiplatef o rme | | - Documentaçã o clínica ;
 - Gestão de Registos ;
 - Administraçã o de doentes ;
 - Entrada de encomendas ;
 - Facturação ;
 - Planeamento, etc. | | - Baseado na Internet;
 - Idiomas: inglês e alemão | https://source for ge.net/project s/p atientos |

Comentário: Qualquer hospital preocupado em melhorar a sua SI é chamado a apropriar-se de um dos softwares médicos disponíveis no sector da saúde, especialmente software gratuito. Para o Hospital New Hope, recomendamos a implementação de um dos softwares descritos no quadro acima.

4.2. Proposta de soluções de projecto

Evidentemente, uma vez que as bases de dados são ficheiros organizacionais, a sua importância não deve ser questionada. Mas é necessário saber como utilizá-los de modo a garantir a segurança, descrição, estrutura e digitação dos dados. A folha de cálculo Excel desempenha um papel capital para o Hospital Nova Esperança se os seus utilizadores tiverem todas as competências para responder às preocupações levantadas. Assim, como primeiro passo, recomendamos *a requalificação do pessoal informático.*

No que diz respeito ao departamento de TI, um licenciado em tecnologia de informação de gestão, o secretário executivo, não pode satisfazer sozinho todas as necessidades de TI expressas pelos diferentes departamentos do hospital. Se é forte em análise, desenho e programação (digamos), é também forte em redes e segurança? Em manutenção? Em design? Nas telecomunicações? Inteligência artificial? Assim, recomendamos ao New Hope Hospital a criação de outro novo departamento: *o departamento de informática e equipá-lo com pelo menos três outros agentes qualificados e competentes, mas também multidisciplinares.* Este departamento terá de estabelecer um plano director de TI para a organização e terá de ter um orçamento para o seu funcionamento. Não pode necessariamente funcionar bem pagando os salários do pessoal; é necessária uma rubrica para as necessidades deste serviço na previsão orçamental do hospital para o seu bom funcionamento.

No que respeita à criação de bases de dados, *o softwareMS-ACCESS* é indicado para utilização na gestão de bases de dados do escritório. Existem necessidades informáticas que requerem a concepção e implementação de uma base de dados em MS-ACCESS para cumprir as normas anteriormente mencionadas neste livro.

Um website para publicidade hospitalar não é suficiente para a sua gestão diária, pelo que é necessário. Há relatórios que são enviados para WhatsApp, GMAIL, ... que devem ser gerados automaticamente por aplicações web, por isso recomendamos *aplicações web para o* New Hope Hospital.

4.3. Conclusão Parcial

A análise efectuada provou exaustivamente que os SI manuais não podem contribuir para o desempenho de um centro hospitalar, mas foi cientificamente provado que os melhores SI têm um impacto no desempenho dos hospitais públicos e privados.

Os pontos fracos diagnosticados no NHH HIS podem ser resolvidos pelas propostas anteriormente formuladas; por conseguinte, confirmamos a nossa segunda hipótese de que *um sistema de informação informatizado é o mais adequado para a gestão racional dos dados e para o aumento da monitorização dos pacientes.*

Conclusão Geral

Como informático que trabalha actualmente no sector da saúde porque a nossa disciplina é omnipotente, damos particular atenção ao sistema de informação hospitalar porque, como já demonstrámos, o SI é considerado a espinha dorsal de qualquer sistema empresarial.

Com isto em mente, propusemo-nos a explorar a investigação científica em V *Análise do sistema de informação hospitalar na RDC: o caso do Hospital New Hope,* durante o qual analisámos a qualidade do HIS do centro médico em estudo a fim de fazer um juízo objectivo e científico, segundo o qual descobrimos que a maioria do HIS na RDC é *manual,* e o do Hospital New Hope foi o testemunho correcto.

A fim de contribuir para a melhoria da qualidade dos cuidados de saúde dos pacientes de toda a nossa organização, propusemos um sistema *informático* HIS, e isto graças aos recursos informáticos já existentes, e aos projectos de solução que reformulámos.

Tendo em conta a elevada posição do New Hope Hospital no sector da saúde na cidade de Bukavu, fizemos a nós próprios as seguintes perguntas sobre o seu HIS:

❖ *Que sistema de informação existe no hospital New Hope?*
❖ *Qual pode ser o melhor sistema de informação a fornecer a estes últimos para a gestão racional dos seus dados e o aumento da monitorização dos pacientes?*

Foram feitas as seguintes hipóteses:

❖ Apesar da presença de computadores, impressoras, scanners, software de escritório e outro equipamento electrónico disponível no Hospital New Hope, e dada a ausência de aplicações e bases de dados apropriadas para o processamento automático de dados, *o sistema de informação existente no Hospital New Hope seria manual.*
❖ Dada a granularidade da informação a ser gerida dentro deste hospital, o tratamento total pelo homem expõe-no a riscos que já não estão por demonstrar, *um sistema de informação informatizado seria o mais apropriado para uma gestão racional dos dados e um aumento da monitorização do paciente.*

O resultado alcançado pela combinação de métodos *analíticos e estruturais-funcionais, e as* técnicas de entrevista, observação, documentação, etc., confirmamos as nossas hipóteses.

Dificuldades encontradas

Para além de pequenas dificuldades financeiras (custo da investigação, entrada e impressão de dados, etc.) e alguma interferência dos responsáveis pelos nossos inquéritos, a maior dificuldade que encontrámos durante a realização deste projecto foi a impossibilidade de expandir o nosso campo de estudo, o qual foi limitado pelos meios e recursos necessários para fazer o levantamento de um grande número de hospitais na RDC, a fim de se obter uma amostra em consonância com a população no seu todo.

Para contornar estes constrangimentos, especificámos a investigação no Hospital New Hope e pesquisámos a literatura existente para investigar o estado dos hospitais na RDC identificados pela investigação dos nossos antecessores.

Quanto às restrições financeiras, atribuímos os fundos necessários, e com o apoio de algumas pessoas dispostas a isso, concluímos o trabalho.

Finalmente, uma das limitações admitidas deste trabalho é a restrição da dimensão da amostra; propomos a realização de mais investigação sobre o SIA na RDC, envolvendo um grande número de hospitais na amostra por província.

Bibliográfico

1. Bakoben, S. (2009). *Gestão de pacientes numa clínica em Java.*
2. Bulabula, K. D. (2016). *Curso de Auditoria Informática. Instituto de Ensino Superior de Bukavu.* Bukavu.
3. Diane, B.A. (2016, Abril). Software HIS de código aberto: uma solução para iniciar este tipo de projecto (HIS) em hospitais do Sul em particular. *porta de pesquisa*, 6-16. Rdcupdrd em https://www.researchgate.net/publication/308305897
4. *informação sobre o centro da diferença.* (2018, Aout 4). Rdcupdrd sur WayToLearnX: https://www.waytol earnx .com
5. M. Abdoul, A. B. (2020). *Implementação de uma aplicação web para a gestão de pacientes do Departamento de Medicina Interna no Centro Hospitalar Regional EL HADJI AHMADOUSAKHIRINDIEGUENE DE THIES.*
6. Mbilizi, D. M. (2020). *Curso de Auditoria de Sistemas de Informação. Segundo Bacharelato em Gestão Informática. ULGL 2019-2020.* Bukavu.
7. Ministere des Solidarites et de la Sante. (2011, Novembro). *Hopital-Numérico.* Rdcupdre sur Solidarites Sante Gouvernement Francais: https://www.solidarites-sante.gouv.fr
8. Murhula, G. K. (2019). *Curso de Inteligência Artificial e Sistemas Especializados. L1 IG. ULGL. 2018-2019.* Bukavu, Kivu do Sul, República Democrática do Congo.
9. Musiwa, P. M., Mutayongwa, M. K., Alliance, C. B., Burakali, J. B., & Abale, J. A. (2020). *Relatório da auditoria informática realizada no Hospital New Hope de 28 de Outubro a 02 de Novembro de 2020.* Trabalho prático do curso de Auditoria de Sistemas de Informação, Universidade Livre dos Grandes Lagos, Ensino Superior e Universitário, Bukavu. Ver Fevereiro 04, 2021
10. Nalliat, R. (n.d.), *Analysis-System-Based Business.* Obtido da Revista Cadre Dirigeant: https://www.cadre-dirigeant-magazine.com
11. Hospital Nova Esperança. (2015). *Organigrama.*
12. Hospital Nova Esperança. (2021). *Organigrama.*
13. Oumar, C. B. (2010). *Mise en place d'un système d'information Hospitalier en Afrique Francophone: Cinz@n, estudo e validação do modelo no Mali.* Acesso em 2 de Fevereiro de 2021.
14. Reix, R. (1995, 2 de Fevereiro). *cours-systemes-d-information-et-methode-merise.* Obtido em Cursos Gratuitos: https://www.cours-gratuit.com
15. Sabrina, G. (2015). *Desenvolvimento do sistema de informação hospitalar através de um dos oito princípios da gestão da qualidade.* Marrocos.
16. Saidani, N., & Taleb, S. (2018). *Sistemas de informação hospitalar e desempenho hospitalar: Um estudo estreitamente ligado. Cas du CHUde mohamedLamine Debaghine.*
17. иьB-Cooрёrайоп. (2019). Cerhis, ferramenta informática adaptё para a gestão de hospitais na RDC. *Visão, Missões e Valores*, 1.
18. Wikipédia. (n.d.). DoniK'e (ciência da computação). 1.
19. Zirimwabagabo, T. C., Kisulamilwa, G. N., & Bahogwerhe, D. M. (2020, 2 de Novembro). Sobre a existência do departamento de TI dentro da NHH. (J. B.

Burakali, Entrevistador).

Tabela de Conteúdos

I want morebooks!

Buy your books fast and straightforward online - at one of world's fastest growing online book stores! Environmentally sound due to Print-on-Demand technologies.

Buy your books online at
www.morebooks.shop

Compre os seus livros mais rápido e diretamente na internet, em uma das livrarias on-line com o maior crescimento no mundo! Produção que protege o meio ambiente através das tecnologias de impressão sob demanda.

Compre os seus livros on-line em
www.morebooks.shop

info@omniscriptum.com
www.omniscriptum.com

MIX
Papier aus verantwortungsvollen Quellen
Paper from responsible sources
FSC® C105338

Printed by Books on Demand GmbH, Norderstedt / Germany